초3부터
진로 코칭

초3부터 진로 교육

지은이 김기영
펴낸이 임상진
펴낸곳 (주)넥서스

초판 1쇄 인쇄 2020년 12월 4일
초판 1쇄 발행 2020년 12월 10일

출판신고 1992년 4월 3일 제311-2002-2호
10880 경기도 파주시 지목로 5 (신촌동)
Tel (02)330-5500 Fax (02)330-5555

ISBN 979-11-91209-47-1 03370

이 책은 박지호, 손정호, Minseo Laina Kim의
도움을 받아 집필했습니다.

저자와 출판사의 허락 없이 내용의 일부를
인용하거나 발췌하는 것을 금합니다.

가격은 뒤표지에 있습니다.
잘못 만들어진 책은 구입처에서 바꾸어 드립니다.

이 도서의 국립중앙도서관 출판예정도서목록(CIP)은 서지정보유통지원시스템
홈페이지(http://seoji.nl.go.kr)와 국가자료공동목록시스템(http://www.
nl.go.kr/kolisnet)에서 이용하실 수 있습니다. (CIP제어번호 : 2020050523)

www.nexusbook.com

유튜브 시대,
어떻게 내 아이의
경쟁력을 갖출까?

초3부터
진로
코칭

김기영 지음

넥서스

디지털 시대를 준비하는 부모님들에게

테슬라의 창업자이자 영화 〈아이언맨〉의 모델인 일론 머스크는 화성에 지구 식민지를 건설하겠다고 한다. 대뇌에 전자칩을 삽입해 컴퓨터와 소통하는 서비스도 개발 중이다. 아직 많은 기술 검증이 남았지만 SF 영화에서 보던 일들이 조금씩 현실화되고 있다.

세상은 무서울 정도로 빠르게 변한다. 그런데 부모의 마인드가 1990년대, 2000년대에 머물고 있다면? 우리 아이들에게 끔찍한 비극이다. 나는 우리 아이에게 좋은 엄마, 좋은 아빠인가? 새로운 시대에는 어떤 교육이 필요한가? 부모의 관점이 바뀌면 아이들의 미래도 바뀐다. 박수는 한 손으로 칠 수 없다. 노력은 오로지 아이의 몫이라는 생각은 위험하다.

▶▷ 우리 아이들은 디지털 시대에 살고 있다

하버드대 학생 신문인 〈더 하버드 크림슨(The Harvard Crimson)〉과 예일대 신문 〈더 예일 데일리 뉴스(The Yale Daily News)〉에 따르면 최근 수년째 가장 인기 있는 강의는 다름 아닌 컴퓨터과학 입문과정 'CS50'인 것으로 밝혀졌다. 실제로 하버드대와 예일대 캠퍼스를 거닐다 보면 "I took CS50(나는 CS50을 들었어)" 티셔츠를 입은 학생들을 심심치 않게 볼 수 있는데, 해당 수업은 우리나라에도 잘 알려진 그레고리 맨큐 교수의 '경제학원론' 수업과 저서 《정의란 무엇인가》로 유명한 마이클 샌델 교수의 '정치사상' 수업 등을 밀어낼 정도로 인기가 높다.

하버드대, 예일대 학생들은 영리하다. 디지털 네이티브인 이들은 새로운 시대의 거의 모든 분야에서 코딩 능력과 컴퓨터에 대한 이해가 중요해진다는 것을 인지하고 있다. 예컨대, 상경계 학생들은 데이터 분석이 중요해지는 경영컨설팅 업계 취직을 위해 코딩을 배우고, 의사가 되려는 의대 과정에 있는(Pre-Med) 학생들은 세포분자학 등을 깊이 있게 공부하는 데 프로그래밍이 필수적이라고 주장한다. 또 법대 진학을 준비하는 일부 철학과 학생들은 논리적 사고를 키우기 위해 코딩을 공부한다고도 이야기한다.

▶▷ 새로운 세상은 새로운 교육을 요구한다

우리 아이들이 디지털 시대 상위 1%를 목표로 한다면 그에 맞는 교육이 필요하다. '상위 1%'와 같은 표현은 참 세속적이다. 불필요한 경쟁심을 만드는 느낌도 든다. 하지만 현실은 부정할 수 없다. 세상이 바뀌어도 경쟁은 계속된다. 인공지능(AI)이 전통적인 노동시장을 파괴하면서 엄친아·엄친딸의 대표 직업인 변호사와 의사의 입지조차 흔들릴 것으로 예상된다. 미리 준비하고 선제적으로 대응하지 않으면 쉽게 도태될 수 있다. 디지털 시대를 준비하는 엄마들에게는 지식과 통찰력이 필요하다. 우리 아이를 위해 '좋은 결정'을 하기 위해서는 새로운 기준점이 있어야 한다.

필자는 운 좋게도 소위 엄친아에게 요구되는 커리어와 스펙을 쌓을 수 있었다. 그 과정에서 무척 뛰어난 분들을 매우 많이 만날 수 있었다. 이런 경험들을 통해 새로운 시대가 어떤 인재를 요구하는지에 대한 큰 확신을 얻게 되었는데, 혼자만 담아두기에는 너무 값진 정보(information)와 인사이트(insight)였다.

이 중 부모님들과 교육자들에게 꼭 필요한 내용들을 선별해서 정리했다. 공부법과 관련된 사례 분석, 연구 결과, 필자의 인사이트를 균형감 있게 전달하고자 노력했다. 어렵고 불필요한 내용들은 과감하게 제거했다. 두꺼운 책은 참 부담스럽다. 꼭 필요한 정보만 쉽고 단순하게 정리했다. 세상의 모든 어머니는 위대하다. 늘 죄송하고 감사하다. 이 책이 디지털 시대를 맞이하는 그들에게 조금이나마 도움이 되기를 바란다.

내 아이는 어떤 일을 해야 할까?
어떻게 내 아이의 경쟁력을 갖출까?

2020년 코로나19가 전 세계를 강타했다. 변화의 예시들을 구구절절 나열하지 않겠다. 이미 우리 모두가 피부로 느끼고 몸으로 체험하고 있기 때문이다.

코로나19로 촉발된 패러다임의 변화는 크게 2가지로 구분된다.

첫째, 디지털 소비(Digital Consumption)가 증가했다. 대외 활동이 위축되고 접촉에 대한 두려움으로 백화점 및 대형마트의 매출이 감소한 반면, 반사효과로 온라인 쇼핑 채널에 대한 수요는 성장세를 보이고 있다.

배달 음식의 경우 2020년 1~8월 주문량이 전년 대비 약 115% 증가했다. 영화 팬들은 극장 대신 집에서 넷플릭스를 시청한다. 병원 진료도 원격 상담을 원하는 소비자의 수요가 두 배 이상 증가했다. 오프라인 수업의 형태를 벗어나지 못했던 국내 초중고 학교들은 전격적으로 온라인 교육을 도입했다.

둘째, 디지털 트랜스포메이션(Digital Transformation)이 가속화되고 있다.
코로나19 이후 기업들 사이에서 디지털 트랜스포메이션은 선택이
아닌 필수로 인식되고 있다. 인공지능, 빅데이터, 클라우드컴퓨팅 활
용을 통해 경영 효율화·생산성 효율화를 추진하고 있다.

재택근무·원격근무의 비중도 높아지고 있다. 구글 안드로이드
운영체제 기반의 앱 차트 순위를 보면(2020년 기준), 화상 회의 솔루
션 '줌(Zoom)'이 비즈니스 카테고리 1위를 차지했다. 원격 근무에
필요한 협업도구 기업들도 빠르게 성장했다. 해당 시장은 2018년
110억 달러(약 13조 원)에서 2023년 136억 달러(약 16조 원)으로 성
장할 것이라고 예상한다.

사설이 길었는데, 결국 포인트는 우리가 '디지털 우선주의(digital
first)' 세상에 살고 있다는 것이다. 그리고 이런 흐름은 코로나19라
는 사건으로 인해 더욱 가속화되고 있다.

이런 맥락에서 〈프롤로그〉의 주제로 다시 돌아와보자.

내 아이는 어떤 일을 해야 할까?
어떻게 내 아이의 경쟁력을 갖출까?

어떤 일을 해야 할지에 대해서 먼저 얘기해보면 가장 중요한 포인
트는 2가지다. **첫 번째로는 내가 잘하는 영역을 찾아야 하고, 두 번째로는 성장
하는 산업에서 커리어를 만들어야 한다.** 특히 두 번째가 상당히 중요한데,

많은 부모들이 간과하는 부분이다. 레드오션인 산업도 물론 기회는 있다. 하지만 확률이 낮다. 반면에 성장하는 산업에서는 그 모멘텀 속에 들어가는 것 자체만으로도 기회가 생길 수 있다.

실제로, 페이스북의 COO인 셰릴 센드버그는 하버드 경영대학원 졸업식에서 "로켓에 자리가 나면 어디 위치했는지 묻지 말고 일단 올라타면 된다"고 얘기한 바 있다. 그만큼 나의 커리어를 베팅하는 산업의 성장성은 최종 판단에서 중요한 요소다.

그렇다면 우리 아이들이 살아갈 세상에서는 어떤 기업들이 폭발적인 성장세를 보일 것인가? 최근 동향과 글로벌 시가총액 톱 10 회사를 보면 어느 정도 답이 나온다.

그래프에서 볼 수 있듯이 상장 기업 중 가장 가치가 높은 회사 10곳 중 7곳이 테크(Technology) 회사이고 나머지 3곳이 금융권(finance) 기업이다. 금융업은 언제나 기회가 존재한다. 이와 관련해서는 책 본문에서도 다룰 예정이니 참고 바란다.

더 주목해야 하는 포인트는 바로 기술 기반 회사의 약진이다. 거의 싹쓸이를 했다고 봐도 무방하다. 한국의 경우도 삼성전자, SK하이닉스 등 테크 회사들이 시가총액 톱 5를 차지하고 있다.

이런 흐름은 코로나19로 인해 더 가속화될 것이다. 10년 후를 상상해보자. 국내 시가총액 톱 10을 차지하는 기업들은 어디일까? 인구 고령화로 인해 바이오 회사 등의 약진도 기대되지만 기본적으로 기술 기반 업체들을 빼놓고는 리스트를 구성하기 어려울 것이다. 심지어는 바이오·금융업도 디지털 기술과의 융합이 이루어질 수밖에

글로벌 기업가치 순위

시가총액(단위: 달러)

순위	기업	시가총액
1	애플	1조 1 1,559억
2	마이크로소프트	1조, 1,135억
3	알파벳	9,037억
4	아마존	8,854억
5	페이스북	5,442억
6	버크셔헤서웨이	5,408억
7	알리바바	4,873억
8	JP모건체이스	4,089억
9	텐센트	3,994억
10	비자	3,533억
...		
20	삼성전자	2,684억
267	SK하이닉스	517억

자료 출처: 한국거래소, <블룸버그>

없다. 결국 우리 아이들이 살아가는 세상의 핵심 키워드는 '디지털'
이 될 수밖에 없다는 뜻이다.

이제 그럼 '어떻게 우리 아이들의 경쟁력을 갖출까?'를 생각해보
자. 물론 답은 이미 나왔다. 필요한 것은 바로 '디지털 경쟁력'이다.
스위스 국제경영개발연구원(IMD)는 디지털 경쟁력의 평가항목으로
'신기술을 이해하고 배울 수 있는 능력(지식)', '새로운 디지털 혁신을
개발하는 능력(기술)', '향후 발전에 대한 대비(미래 준비)' 등 총 3가지
로 구성했다.

하지만 부모들이 궁금한 것은 '무엇(what)'이 아니라 '어떻게
(how)'일 것이라 생각한다. 그 부분에 대한 구체적인 답변을 본 책을

통해서 독자들에게 전달하고자 한다.

요약하면 다음과 같다.

창의력이 핵심이다.

취업만이 아닌 창업하는 아이도 만들자.

새로운 학교를 찾아라.

영어, 수학 잘하는 아이들이 여전히 유리하다.

인문학과 금융학의 중요성은 시대를 가리지 않는다.

코딩이 미래다.

앞에서 언급한 역량들은 문과, 이과의 구분 없이 공통적으로 필요한 'Action Item'이다. (참고로, 디지털 시대에서는 문과, 이과라는 개념 자체에 의미가 없다. 융합형 인재만이 살아남는다. 문과생들은 코딩을 배우고, 이과생들은 인문학을 공부해야 완성형 인재가 될 수 있기 때문이다.)

자, 그럼 이제 포인트를 알았으니 디테일을 살펴보자. 20세기 세계 최고 건축가 중 한 명인 루트비히 미스 반 데어 로어는 "신은 디테일에 있다(God is in the details)"라고 말한 바 있다. 우리 아이들의 진로 교육도 마찬가지다. 필자가 본문에 정리한 내용들을 통해 유의미한 인사이트를 얻어가길 바란다.

차 례

PART 1   아무튼 창의력이다

PART 2   취업만이 아닌 창업하는 아이도 만들자

PART 1

아무튼 창의력이다

01

창의력이 왜 중요할까?
창의력은 어떻게 키울 수 있을까?

필자에게는 전 세계 모든 국가의 수도를 외우고 있는 대학교 동기가 있다. 볼 때마다 참 신기하다. 이따금씩 질문을 던져보곤 하는데 10년 넘게 한 번도 틀린 적이 없다. 이 친구는 기본적으로 암기력이 매우 뛰어나다. 공부도 제법 해서 좋은 법대에 진학했고 현재는 대기업 법무팀에서 근무하고 있다. 친구에게 질문했다. "너는 기억력이 좋아서 법 공부하기 편했겠다." 친구가 답변했다. "구글에 검색하면 다 나오는데, 뭐."

가벼운 대화였지만 친구의 답변은 우리 시대의 현주소를 잘 보여준다. 21세기는 창의의 시대라고 말한다. 대기업, 스타트업 구분 없이 창의적인 인재를 찾기 위해 노력한다. 지식이 귀했던 과거에는 습득한 '지식의 총량'이 중요했지만, 현재는 그렇지 않다. 간단한 검색

으로 정보를 쉽게 찾을 수 있는 시대가 되었기 때문이다.

정답이 정해지지 않은 문제를 해결하기 위한 창의적인 사고를 할
줄 알아야 한다. 인공지능·로봇 등 새로운 기술들이 단순 업무를 빠
르게 대체하게 되면서 창의적 인재의 중요성이 더욱 강조되고 있다.

▶▷ 창의력은 어떻게 키울 수 있을까?

그럼 이제 가장 본질적인 질문을 던져보자. 창의력은 어떻게 키울
수 있는 것인가?

첫째, 끊임없이 새로운 경험을 해야 한다. 많은 이들은 창의를 무(無)
에서 유(有)를 창조하는 행위로 해석한다. 하지만 애플의 창업주인

스티브 잡스는 '창의력은 연결하는 것(Creativity is just connecting things)'에 가깝다고 주장했다. 프랑스의 철학자 볼테르 역시 독창성을 '사려 깊은 모방'이라고 말했다. 즉 창의력이란 '연관성 없는 것을 연결해 새로운 것을 만들어내는 능력'으로 정의하는 것이 적절하다.

세상에는 수없이 많은 재료가 존재한다. 우리는 이 재료들을 모아 맛있는 요리를 개발할 수 있다. 하지만 이를 위해서는 각각의 재료들을 미리 '경험'해봐야 한다. 창의력도 다를 바 없다. 새롭고 독창적인 산출물을 만들기 위해서는 다양한 경험들이 필요하다.

경험은 크게 직접적인 경험과 간접적인 경험이 존재한다. 직접적인 경험과 간접적인 경험의 대표적인 예로는 각각 여행과 독서가 있다. 필자는 특히 창의력을 키우기 위한 방법으로 여행을 적극 추천한다. 우리는 여행을 통해 새로운 것을 보고 듣고 느낄 수 있다. 더불어 낯선 환경에서 새로운 동선을 찾는 행위 등을 통해 평소에 쓰지 않는 뇌 기능을 활성화시킬 수 있다.

둘째, 올바른 질문을 하는 능력을 키워야 한다. 창조적인 결과물은 정확한 질문에서부터 시작된다. 월 사용자가 10억 명이 넘는 인스타그램의 경우 '어떻게 하면 환상적인 위치 공유 어플리케이션을 만들 수 있을까?'라는 질문을 '어떻게 하면 쉽고 편리하게 사진을 공유할 수 있는 어플리케이션을 만들 수 있을까?'라는 핵심 질문으로 전환하면서 폭발적인 성장을 기록할 수 있었다. 스타벅스 역시 회사가 풀어야 하는 질문을 '이탈리아에 있는 에스프레소 바와 같은 공간을 미국에서 어떻게 구현할 수 있을까?'에서 '좋은 커피를 즐길 수 있는 편안한

공간을 어떻게 하면 만들 수 있을까?'로 재정의하면서 큰 성공을 거둔 바 있다.

하지만 안타깝게도 한국의 교육은 '좋은 질문자'를 양성하기 쉽지 않은 환경이다. 교육자는 말하고 학생은 듣는 주입식 교육이 뿌리 깊게 자리 잡고 있기 때문이다. 수업 중에 질문을 하는 것이 거의 터부시 되는 분위기다. 질문이 많은 학생들은 수업에 방해가 되는 요소로 간주된다. 이는 심각한 문제다. 특목고·자사고 폐지와 정시 확대를 논하기 전에 이러한 수업 환경부터 바꿔야 한다. 작은 노력으로 큰 임팩트를 만들 수 있는 영역이다.

디지털 기술의 발전은 전통적인 노동시장의 패러다임을 바꾸고 있다. 영화 〈아이언맨〉의 실제 모델로 잘 알려진 일론 머스크는 인공지능(AI)의 상용화로 인해 인간의 20%만 의미 있는 직업을 갖게 될 것이라고 주장했다. 기술 혁명이 인간의 신체뿐만 아니라 지적 노동력까지 대체한다는 뜻이다. 하지만 인공지능과 같은 새로운 기술들이 쉽게 침범할 수 없는 인간 고유의 영역이 있다. 바로 '창의력'이다.

창의력은 이제 선택이 아닌 필수다. 많은 전문가들은 창의력이 타고난 재능이 아닌 훈련을 통해 습득할 수 있는 능력이라고 말한다. 필자 역시 이 의견에 동의한다. 많이 경험하자. 적극적으로 질문하자. 우리는 생각보다 엄청나다!

02

디지털 시대에도
독서는 중요하다

창의력을 키우기 위한 올바른 독서법

필자는 유튜브를 한다. 43만 명 정도의 팔로워가 있는 오마이스쿨 채널에서 "스타트업과 디지털 기술 트렌드"라는 짧은 강의를 매주 제공하고 있다. 그래서일까? 학부모님들께서 아이 교육에 동영상이 좋은지 독서가 좋은지 종종 물어보신다.

우리 아이들은 유튜브와 같은 동영상 채널에 익숙해져있다. KT 그룹의 디지털 미디어랩에서 진행한 조사에 따르면 10대 인터넷 이용자 10명 중 7명이 유튜브를 검색 채널로 쓰고 있다. 10대 이용자의 모바일 동영상 이용 시간은 하루 평균 123.5분으로 전체 평균인 75.7분의 약 2배 정도되는 수치를 기록했다.

영상에 대한 관심이 높아지니 좋은 콘텐츠들도 많이 만들어지고 있다. 실제로 웬만한 정보는 유튜브를 통해 쉽게 찾아볼 수 있다. 글의 시대에서 사진의 시대로, 사진의 시대에서 영상의 시대로 넘어가고 있는 것이다.

▶▷ 디지털 시대에도 책 읽기가 필요한 이유

그럼에도 불구하고, 필자의 입장은 명확하다. 교육의 관점에서 책읽기는 반드시 필요하다. 크게 두 가지 이유가 있다.

첫째, 독서에는 '여백의 미(美)'가 있다. 여백은 아이들의 상상력을 자극한다. 먼저 유튜브를 생각해보자. 동영상은 디테일한 정보를 제공한다. 모든 화면을 매우 사실적으로 표현한다. 그러다 보니 아이들이 상상할 수 있는 공간(room)이 제한적이다.

책은 다르다. 글자 간에 여백, 문단 사이의 여백, 페이지 간의 여백을 통해 아이들의 뇌는 자연스럽게 글이 표현하고자 하는 장면을 머릿속에 그리게 된다. 상상하는 과정 속에서 신경세포들은 더 빠르게 연결되고 새로운 신경망 회로는 더 많이 생성된다. 이를 통해 평소 신호를 주고받지 않던 뇌의 영역들도 두루 사용하게 되는데, 이때가 바로 창의적인 아이디어 혹은 창의성이 강화되는 시점인 것이다. 책의 여백은 상상력을 자극함으로써 창의력을 키울 수 있는 매우 유용한 교육적 도구다.

둘째, 책은 생각을 정리하는 방법을 알려준다. 최근 교육 트렌드를 보면 창의적 사고력에 매몰되어 논리력의 중요성을 간과하는 경우가 많다. 하지만 새로운 아이디어를 생각하고 독창적인 상품을 만들기 위

해서는 기존에 있었던 점(dot)들을 연결(connect)하는 작업이 선행되어야 한다. 이때 반드시 필요한 역량이 바로 논리력인데, 논리력을 키우는 데 책만큼 좋은 선생님을 찾기는 어렵다.

쉽게 생각해보자. 대부분의 사람들은 본인의 생각을 말로 표현하는 것은 비교적 쉽게 하는 편이지만, 이를 글로 정리하라고 하면 막히는 경우가 많다. 왜냐하면 말은 대화하듯이 할 수 있지만 글이라는 것은 생각이 먼저 정리되어야 하기 때문이다. 대부분의 책은 생각을 정리하는 과정을 수없이 반복한 후에 나오는 결과물이다. 아이들은 이처럼 고민의 흔적이 가득한 '완성품'을 읽는 행위를 통해 생각들을 질서 정연하게 정리하는 방법, 즉 논리력을 직간접적으로 학습하게 된다.

　필자의 경우 책을 여러 권 사서 읽는 편이다. 3~4권을 동시에 읽는데 한 권을 읽다가 지루하면 다른 책을 본다. 그리고 책을 항상 완독하지 않는다. 처음부터 끝까지 읽어야 한다는 강박관념은 책에 대한 관심도를 떨어트릴 수 있다.

　초등생의 경우 만화책부터 시작하는 것을 추천한다. 필자의 경우 60권짜리 만화로 된 《삼국지》를 읽으면서 독서에 대한 관심을 키울 수 있었다. '관심'과 '습관'이 생기면 두꺼운 책도 도전할 수 있다. 두꺼운 책까지 완주하면 독서를 위한 '근육량'이 늘어난다. 마라톤도 의지만으로는 할 수 없다. 기초 체력이 뒷받침되어야 한다. 독서도 크게 다르지 않다. 첫술에 배부를 수 없다는 점을 명심하자.

▶▷ 책과 동영상을 상호 보완적으로 사용하라

물론 그렇다고 동영상을 통한 학습을 반대하는 것은 아니다. 앞서 언급했듯 필자도 유튜브를 통해 강의를 하고 있고, 해당 채널이 갖는 그 나름대로의 장점이 명확하다고 생각한다. 아이들 교육에서 가장 이상적인 방법은 책과 동영상을 상호 보완적으로 사용하는 것이다. 특히 방대한 양의 지식을 압축적으로 습득할 때는 전문가가 잘 정리해놓은 요약 영상을 보는 것이 더 효율적일 것이다. 미술과 음악같이 시각적 · 청각적인 요소가 많은 분야를 학습할 때도 책보다는 영상 교육이 더 적절할 것이다.

"내게 하버드 졸업장보다도 소중한 것이 독서하는 습관이다."

세계 최대 테크 기업 중 하나인 마이크로소프트의 창업주 빌 게이츠의 말이다. 쉽게 얻은 재물은 쉽게 잃어버리는 경우가 많은 것처럼, 쉽게 얻은 지식은 쉽게 잃어버릴 확률이 높다. 책을 읽는 행위는 상당히 고통스러울 때가 많다. 하지만 독서가 주는 가치는 그만큼 명확하다. 미래 사회는 더 많이 고민하고, 더 많이 상상하는 아이들에게 더 유리한 시대가 될 것이다.

참 재밌다. 세상이 아무리 빠르게 변해도 가장 본질적인 것들은 무한한 영속성을 갖는 듯하다. '독서 = 성공의 지름길'이라는 공식처럼.

여행은 창의력 훈련이다?
창의력을 키우기 위한 올바른 여행법

창의력이 디지털 시대의 핵심 역량이라는 것은 이제 두말하면 입 아프다. 관건은 '어떻게(how)' 창의력을 키울 수 있냐는 것인데, 필자가 추천하는 방법 중 하나는 바로 여행이다.

거장의 반열에 오른 작가들 중 여행 애호가로 알려져있는 작가들이 많다. 어니스트 헤밍웨이는 쿠바 여행 중 집필하였던 《노인과 바다》를 통해 노벨 문학상을 받았고, 《톰 소여의 모험》의 작가인 마크 트웨인은 여행 작가 출신이었다. 창의적인 아이디어로 세상을 놀라게 한 사업가들에게서도 비슷한 패턴이 보인다.

창의력의 대명사처럼 된 스티브 잡스의 경우 대학생 시절에 떠난 인도 여행이 그의 커리어에 큰 임팩트를 준 것으로 알려져있다. 루이 비통의 아티스틱 디렉터 니콜라 제스키에르는 여행을 통해 창의적

영감을 얻는다고 밝힌 바있다.

　필자 역시 지금까지 《이토록 쉬운 블록체인&암호화폐》, 《코딩이 미래다》, 《멈추지 않는 진화 블록체인&암호화폐 2.0》 등 3권의 책을 출판했는데, 재밌는 점은 책에 들어간 상당수의 내용을 여행 중에 떠올렸다는 것이다. 여행 장소는 주로 부산과 같이 바다와 인접한 대도시를 갔었다. 집필하였던 세 권의 책에 대한 아이디어 모두 여행에서 떠올렸으니 우연이라고 단정하기는 어렵다.

▶▷ 여행 = 이질적인 것들을 연결하는 능력

　이에 대해 미국의 저명한 심리학자이자 컬럼비아 대학교 경영학과장인 아담 갈린스키는 여행이 '이질적인 것들을 연결하는 능력(ability to make deep connections between disparate forms)'을 향상시킨다고 말했다. 예를 들어, 인도네시아로 여행을 갔다고 가정해보자. 공항에 도착해서 호텔로 이동하려고 한다. 카카오택시와 유사한 그랩(Grab)이라는 앱을 켜서 택시를 부른다.

뭔가 비슷해 보이기는 하는데 전혀 다른 언어를 사용하는 기사가 운전대를 잡고 있다. 도로는 한국의 그것과 크게 다르지는 않지만 길의 상태며 운전자들의 패턴이며 모든 것들이 익숙하지 않다. 하지만 우리는 상당히 빠르게 적응한다. 불편하고 어색하지만 평소 보던 것들과 연결고리를 찾아나간다.

앞에서도 얘기했듯이 창의력이란 무에서 유를 창조하는 행위가 아니다. 오히려 '기존에 있지만 연관성이 없는 것들을 연결해 새로운 것을 만들어내는 역량'으로 정의함이 적절하다. 다시 말해, 창의력을 향상시키기 위해서는 서로 다른 생각들을 연결하는 훈련이 필요한데, 여행을 가면 자연스럽게 이런 메커니즘이 작동하게 된다. 이 과정에서 평소 잘 활용하지 않는 뇌 기능을 활성화시키게 되니 효과가 더 커지는 것이다.

▶▷ 여행을 간다고 무조건 창의력이 높아지지는 않는다

주의해야 할 점은 여행을 간다고 무조건 창의력이 높아지지는 않는다는 것이다. 앞서 언급한 갈린스키 교수의 연구 결과에 따르면 지

나치게 많은 나라를 방문할 경우 독창성이 오히려 줄어드는 모습을 보였다. 더불어 완전히 다른 문화권으로 여행하는 것보다 비슷한 문화권을 갔을 때 창의력 점수가 더 높아졌다.

갈린스키는 너무 환경이 다른 곳을 가게 되면 심한 거리감을 느끼게 되어 '이질적인 것들을 연결'하려는 시도조차 하지 않고 기존의 방식을 고수할 확률이 높기 때문일 것이라고 분석했다. 비슷한 맥락에서 휴양지에서 그냥 쉬고 오는 것보다는 현지인들과 소통하고 현지 문화를 적극적으로 접하고 적응해보는 여행법이 창의력을 키우는 데 더 도움이 된다고 한다.

요즘과 같은 코로나19로 인한 언택트 시대에 국내 여행도 좋은 옵션이다. 해외 여행을 가서 다른 문화를 경험하고 다른 언어를 꼭 써야 한다는 뜻이 아니다. 우리의 뇌를 '익숙하지 않은' '불편한' 공간에 노출시키는 것만으로도 유의미한 자극을 줄 수 있다.

　여러 번 강조했듯 창의력은 인공지능이나 기계가 흉내 내기 어려운 인간의 독창적인 능력이다. 창의력을 키우는 노력은 이제 선택이 아닌 필수다. 마침 우리에게는 즐기면서 할 수 있는 좋은 훈련법이 있다. 듣기만 해도 설레는 그 단어, 바로 여행 말이다.

IT 거인 손정의 회장의 창의력
그는 어떻게 창의력을 키웠을까?

'동양의 빌 게이츠', '아시아의 워렌 버핏', '벤처투자의 거물'. 모두 손
정의 회장을 묘사하는 수식어다.

　손정의 회장은 재일교포 3세로 소프트뱅크라는 아시아 굴지의 기
업을 일군 입지전적인 인물이다. 그는 약 110조 원 규모의 기술투자
펀드를 운영하고 있고, 핵심 포트폴리오로는 중국의 온라인 거래 플
랫폼 알리바바, 영국 반도체 설계회사 ARM, 한국의 쿠팡 등이 있다.
그는 '정보 혁명으로 사람을 행복하게 한다'는 이념하에 아시아를 넘
어 세계를 제패한 IT 거인이 되었다.

　그의 성공 스토리 속에는 기존의 틀을 깨는 혁신적인 아이디어들
이 많았다. 손정의는 필자의 롤 모델 중 한 명이다. 그래서 삶의 지혜
를 얻고 싶을 때면 손정의 회장과 관련된 서적과 인터뷰를 자주 찾아

보는 편이다. 그 과정에서 한가지 알게 된 사실은, 손정의 회장의 '창의적 사고력'이 청소년기의 경험과 후천적 노력에 의해 만들어진 결과물이라는 것이다.

손정의 회장은 열여섯 살에 학교를 중퇴하고 미국으로 유학을 떠났다. 자유롭고 쾌활한 미국의 풍토가 손정의 회장의 마음을 사로잡았다. 그리고 그는 "미국 유학을 포기하고 일본에서 학창 시절을 보냈다면 지금의 나는 없었을 것이다"라고 얘기한 바있다. 미국의 교육 시스템은 창의력과 독창성을 중시한다. 또래의 친구들과 경쟁하며 대학 입학과 취업에 몰두하는 일본의 그것과는 상당히 대조적이다. 자유로운 교육 환경에서 새로운 발명품을 만들고 창업 아이템을 마음껏 고민하는 청소년기가 없었다면 오늘날의 손정의로 성장하기 어려웠을 것이다.

더불어 그는 지독한 노력파였다. 미국 UC버클리 대학교 재학 시절, 손정의 회장은 하루 한 건씩 1년 동안 발명을 계속하겠다고 다짐했다. 매일 5분, 하루도 빠짐 없이 발명품 아이디어를 짜는 행위를 습관화했다. 또한 창의적 사고를 하기 위한 나름의 시스템을 개발했는데, 방법을 간략하게 설명하면 다음과 같다.

손정의 회장은 본인이 생각나는 단어를 무작위로 암기 카드에 적었다. 300장 정도가 모이면 이 중에 3장을 뽑았고, 그 세 가지를 조합해서 새로운 상품으로 만들어보았다. 예컨대, 그가 꼽은 카드가 "선글라스", "이어폰", "자전거"라고 가정해보자. 이 경우 '자전거를 타면서 이어폰 없이 선글라스만 껴도 음악을 들을 수 있는 것' 과 같이 문장을 재구성함으로써, 발명품과 관련하여 창의적인 아이디어를 정리하는 과정을 반복했다.

손정의 회장은 이 같은 방법을 통해 '음성 장치가 달린 다국어 번역기'라는 발명품 원형을 만들었고, 샤프전자에 팔아 약 1억 엔이라는 큰돈을 벌 수 있었다. 이를 자본금으로 그는 벤처 회사를 창업하여 지금의 소프트뱅크를 일구게 되었다.

▶▷ 손정의 회장의 후천적 노력

여기서 주목할 점은 바로 손정의 회장의 후천적 노력이다. 세계적 베스트셀러인《아웃라이어(Outlier)》의 저자 말콤 글래드웰은 한 가지 부문에 큰 성과를 이루기 위해서는 '1만 시간' 동안의 훈련 및 사전 준비가 필요하다고 말한다. 창의력도 마찬가지다. 우리가 흔히 얘기하는 창의력의 대명사인 피카소, 아인슈타인 등은 공통적으로 최소 10년간의 노력 끝에 비약적인 성장을 경험했다고 한다. 창의적인 사고력도 결국은 후천적인 노력이 필요할 수밖에 없다는 뜻이다.

이는 대한민국의 학부모들에게도 시사하는 바가 크다. 요즘 강남권에 사는 아이들의 하루 일과를 보면 숨이 막힐 지경이다. 초등학교 입학과 동시에 쉴 틈 없이 학원을 다닌다. 중학교, 고등학교 때는 상황이 더 심각해진다. 육아정책연구소가 진행한 연구 결과에 따르면 사교육을 1주일에 1회 더 받을수록 창의력 점수가 0.56점씩 감소했다. 이런 환경 속에 자녀들을 방치하면서 우리 아이들이 창의적인 인재가 되길 바라는 것은 상당히 모순적이다.

여백이 필요하다. 자유롭게 생각하고 고민할 수 있는 환경을 마련해줘야 한다. 경제적인 여건이 뒷받침된다면 유학도 고민해볼 만하고, 앞에서도 얘기했듯 대안학교·홈스쿨링과 같은 비전통적인 교육도 고려해보자. 청소년기의 교육 환경은 창의성 개발에 유의미한 영향을 미치는 핵심 요소 중 하나다.

▶▷ 손정의 회장의 '꿈의 그릇'

손정의 회장은 청소년기에 다음과 같은 인생 계획을 세웠다.

"20대에는 회사를 세우고 세상에 나의 존재를 알린다.
30대에는 최소 1조 원의 자금을 모은다.
40대에는 수십 조 규모의 승부를 건다.
50대에는 사업을 완성하고 60대에는 다음 세대에게 완성한 사업을 물려준다."

엄청난 패기가 느껴지는 계획이다. 이를 현실로 만든 손정의 회장의 실행력을 인정하지 않을 수 없다.

하지만 필자에게 더 인상적인 부분은 소년 손정의가 가졌던 '꿈의 그릇'이다. 창조, 창의에 공통적으로 들어가는 한자인 창(創)은 '창고

(倉)'와 '칼(刂)이' 결합된 글자다. 이는 창고가 재목을 연장으로 다듬는 일에서부터 '만들어진다' 혹은 '창조된다'라는 뜻을 내포한다. 참 재미있다. 우리는 같은 연장을 가지고 곳간과 같은 작은 창고를 만들 수도 있고 거대한 궁궐을 창조할 수도 있다. 결국 '칼'을 쓰는 사람의 의지와 목표가 중요한 것이다.

결국 창의력 향상에 교육 환경, 후천적 노력이 가장 중요하다. 다만, 그중 으뜸은 새로운 것을 창조하고자 하는 한 사람의 '꿈의 크기'가 아닐까 싶다.

PART 2

취업만이 아닌
창업하는 아이도 만들자

<이태원 클라쓰>로 보는 세상

취업의 시대에서 창업의 시대로

〈이태원 클라쓰〉라는 드라마를 재미있게 봤다. 대한민국 요식업계 1
위를 꿈꾸는 남자 주인공 '박새로이'가 단밤이라는 스타트업 브랜드
를 키워가는 과정을 보여주는 작품인데, 조금 비현실적인 내용들도
있지만 전반적으로 스타트업 관련 디테일들을 맛깔스럽게 살렸다.

　드라마의 핵심 성공 요소 중 하나는 바로 '공감대 형성'이다. 그렇
기 때문에 대중에게 사랑받는 작품들은 그 시대의 트렌드를 잘 반영
하는 편이다. 그런 의미에서 〈이태원 클라쓰〉의 인기는 '스타트업'이
라는 키워드가 비주류에서 주류로 넘어오고 있음을 보여준다.

　박새로이는 대기업에 어렵게 취직해 '미생'의 삶을 살아가는 청년
의 모습과는 거리가 멀다. 현실에 타협하지 않고 자신의 소신을 관철
시키며 본인의 철학이 담긴 '창업가'의 길을 걷는다. 남자 주인공의

멋짐에 대중은 열광한다. 조금 더 확장해서 해석하면 노동 시장의 키워드가 '취업'에서 '창업·창직'으로 전환되고 있음을 방증한다.

이런 흐름을 촉진시킨 몇 가지 요소가 있었는데, 그중 대표적인 것은 바로 스타트업계의 약진이다. 멀리 갈 것도 없다. '배달의민족'을 운영하는 '우아한형제들'은 4조 7,500억 원의 기업가치를 인정받고 독일 기업에 인수되었다. 창업 신화의 대표주자 김범수 카카오 의장, 김택진 엔씨소프트 대표, 이해진 네이버 GIO, 김봉진 우아한형제들 대표는 한국 경제가 선정한 차세대 CEO 톱10에 포함되었다. 더불어 '스타트업 얼라이언스'가 진행한 조사 결과에 따르면 2020년 3월 기준으로 10억 원 이상 투자를 받은 스타트업의 수는 무려 670개에 달했고, 100억 원 이상 투자받은 스타트업의 수도 약 210개로 집계되었다.

정부 기조 역시 창업에 우호적이다. 대한민국 정부는 창업을 적극적으로 장려한다. 벤처투자 전문 공공기관인 '한국벤처투자'는 2020년 본 예산으로 8,000억 원이 편성되었다. 정부의 전폭적 지원하에 2019년 국내 벤처 투자는 4조 원을 돌파했다. 단군 이래 최대 규모의 금액이다. 2020년 총선을 앞둔 주요 정당들도 '유니콘 스타트업 창출', '벤처 강국'과 같은 키워드를 앞다투어 강조하는 모습을 보였다.

조금 더 거시적으로 접근하면, 기술의 발전으로 인해 대기업이 아닌 '개인'이 생산과 소비의 주체로 진화하고 있다. 서울대 소비트렌드분석센터의 김난도 교수도 강조했듯 SNS를 기반으로 하는 1인 미

디어가 1인 마켓으로 발전하고 있고, 소비자가 판매자가 되는 '셀슈머(sell-sumer)'라는 키워드가 이미 온라인 시장을 주도하고 있다. 이들은 인스타그램과 같은 SNS를 통해 본인들의 라이프 스타일을 노출하고 그 안에서 자연스럽게 일상 속 패션 아이템과 뷰티 상품 등을 판매한다.

다른 예로는 유튜버(YouTuber)를 들 수 있겠다. 대도서관, 씬님과 같은 크리에이터들은 유튜브를 통해 자신의 전문 콘텐츠를 공유하고, 이를 통해 막대한 금액의 수익을 창출하고 있다. 대도서관의 경우 본인의 연간 수익이 약 17억 원이라고 공개한 바있다. 유튜버는 2019년 기준으로 초등학생들이 원하는 직업 3위에 올랐다. 앞 순위에 있었던 의사, 법조인 등을 제쳐버렸다.

세상은 빠르게 변하고 있다. 우리는 이제 100세 시대를 살고 있으며 기술의 진보는 경제 구조를 혁신하고 있다. 평생 직장은 이제 더 이상 미덕이 아니다. 창업·창직은 결코 쉬운 길이 아니지만 이제는 모두 이 새로운 시대 흐름에 대해 진중하게 고민해봐야 한다.

▶▷ "다른 사람의 인생을 살며 귀중한 시간을 낭비하지 마세요"

애플의 창업자인 스티브 잡스는 스탠퍼드 대학교 졸업식 축사에서 다음과 같이 말했다.

"여러분들의 시간은 제한적입니다. 그러니 다른 사람의 인생을 살며 귀중한 시간을 낭비하지 마세요. 가장 중요한 것은 여러분의 가슴과 직관을 따르는 용기를 갖는 것입니다"

아마존의 창업자 제프 베조스는 이런 얘기를 한 적이 있다.

"저한테 아마존을 시작하는 결정은 생각보다 쉬운 일이었습니다. 저는 80살이 되었을 때를 상상해봤습니다. 인생을 돌아보고 있는 제 모습을요. 그러니 한 가지 분명한 사실을 알 수 있었습니다. 80살이 된 제가 아마존을 만들기 위해 시도했던 순간들을 후회하지 않을 것이라는 사실 말이죠."

직관을 따르는 용기. 후회를 최소화하는 삶. 우리는 박새로이라는 극 중 캐릭터를 통해 세계적인 창업자들의 패기를 느끼며 공감하고 있다. 다시 얘기하건대 창업·창직의 길은 결코 쉽지 않다. 하지만 이미 많은 사람들은 새로이의 삶을 꿈꾸고 있다.

취업의 시대에서 창업의 시대로의 전환, 이제는 거스르기 어려운 거대한 흐름이 되어가고 있다.

02

창업의 시대에는
어떤 인재가 생존할까?
3C를 키워라

평생 직장의 시대는 끝났다. 내 일은 내가 만드는 창직·창업의 시대가 오고 있다. 미국 뉴욕대의 아룬 순다라라잔(Arun Sundararajan) 교수는 기술의 발전으로 인해 '개인'이 생산과 소비의 주체가 되고, 창업자의 수가 기하급수적으로 증가할 것이라 예상했다. 그는 미국 전체 근로자의 절반이 20년 후에는 자영업자로 전환될 것이라 예측했다.

이웃 나라 중국도 살펴보자. GEM(Global Entrepreneurship Monitor, 국제 비즈니스 조사기관)에 따르면 중국은 54개 회원국 중 창업자 지수가 가장 높은 나라인 것으로 밝혀졌다. 대학생들 사이에서는 취업창업(창업으로 취업한다)이라는 말이 유행하고 있으며, 실제 대학생 중 40% 이상이 창업을 꿈꾼다고 밝혔다.

창업은 꼭 해볼 필요가 있다. 우리는 100세 시대를 살고 있는데 60대가 정년인 월급쟁이로만 사는 건 라이프 사이클에 맞지 않다.

▶▷ 창업의 시대에 필요한 인재상은?

그렇다면 창업의 시대에서는 어떤 인재들이 생존할 수 있을까? 필자의 답은 '3C(Coding, Creativity, Communication)'이다.

첫째, 코딩(Coding)을 배워야 한다. 페이스북, 마이크로소프트, 구글 등 세계 최고 기업을 만들어내며 혁신 창업의 터전이라고 불리는 미국의 사례를 살펴보자.

이 회사들의 창업주들은 한 가지 공통점이 있다. 어렸을 때부터 이미 코딩 교육을 받았다는 것이다. 페이스북을 창업한 마크 저커버그는 중학생 때 처음 코딩을 배웠다. 치과 의사였던 그의 아버지는 개인 과외 교사를 고용해서 아들에게 프로그래밍을 가르쳤다. 고등학교 때는 집 근처에 있는 머시 칼리지(Mercy College)로 보내 대학생들과 함께 코딩 수업을 듣게 했다. 마이크로소프트의 창업주인 빌 게이츠 역시 중학생 때 코딩을 배웠다. 코딩에 큰 흥미를 느낀 그는 수업도 빼먹고 학교 컴퓨터실에서 아예 살다시피 했다고 한다. 구글의 래리 페이지는 6살 때부터 컴퓨터를 장난감처럼 가지고 놀며 자랐다. 페이팔의 창업주이자 테슬라의 수장인 일론 머스크도 12살 때부터 프로그래밍을 공부했고, 직접 제작한 '블래스터'라는 게임을 500달러에 팔기도 하였다.

코딩은 자신의 아이디어를 구체화할 수 있는 매우 유용한 수단이다. 디지털 시대에서 코딩을 모르면 내 아이디어를 구현해줄 프로그래머를 찾아야 하며, 이는 상당히 번거로운 일이고 많은 시간과 에너지가 소모된다. 반면 개발 능력이 있는 창업자들은 떠오른 아이디어를 빠른 시간 내에 구체화할 수 있다.

둘째, 창의력(Creativity)을 키우자. 성공한 창업자들은 시장에 없는 새로운 가치를 발굴하고 이를 사용자들에게 제공한다.

카카오톡을 만든 김범수 의장을 생각해보자. 한 건당 20~30원씩 하던 유료 문자가 당연하던 시절 그는 카카오톡이라는 무료 문자 서비스를 출시했다. 와이파이만 있으면 텍스트 수 제한 없이 언제든 무료로 문자를 보낼 수 있는 서비스에 사용자들은 열광했다. 출시 1년 만에 사용자 수 1,000만 명을 돌파했고, 현재는 약 4,500만 명의 대한민국 국민이 카카오톡을 사용하고 있다. 말 그대로 '초대박'을 터트린 것이다. 생각해보면 카카오톡은 그렇게 복잡한 서비스가 아니다. 하지만 김범수 의장과 그의 팀은 '문자는 반드시 유료다'라는 고정관념을 버릴 수 있는 역량이 있었고, 우리는 이를 '창의적 사고'라 표현한다.

앞에서도 얘기했듯 창의력은 타고난 재능이 아닌 훈련을 통해 습득할 수 있는 능력이다. 창의력이란 '연관성 없는 것을 연결해 새로운 것을 만들어내는 능력'으로 정의하는 것이 적절하다. 김범수 의장도 '문자'와 '무료'라는 연관성 없어 보이는 두 단어를 연결함으로써 새로운 서비스를 창출할 수 있었다. 성공한 창업자가 되기 위해서는

창의력이 필요하다.

　희망적인 소식은 이 핵심 역량이 소수에게만 부여되는 특별한 능력은 아니라는 것이다. 많이 경험하고, 적극적으로 질문하며, 깊이 있게 고민하는 훈련을 통해 틀을 깨는 상상력을 키워보자.

　셋째, 결국은 커뮤니케이션(Communication)이다. 아무리 좋은 상품과 서비스가 있어도 이를 고객 혹은 투자자에게 제대로 전달하지 못하면 말짱 도루묵이 될 수 있다. 커뮤니케이션 역량은 성공한 창업자들의 공통적인 특징이다.

　대표적인 예가 바로 애플의 창업주인 스티브 잡스다. 그의 프레젠테이션은 간단하지만 명료했다. 제품의 핵심 가치를 임팩트 있게 전달하는 그의 능력은 탁월함 그 자체였다. 스티브 잡스는 신제품 발표 때마다 검정 터틀넥에 청바지를 입고 뉴발란스 운동화를 신은 채 청중 앞에 나타났다. 정장 차림으로 대중 앞에 서온 대부분의 CEO들과는 확연히 다른 모습이었다. 그의 스타일에 많은 사람들은 충격을 받았다. 자연스럽게 '애플＝혁신'이라는 이미지가 구축되었다. 그는 '언어'뿐만 아니라 '패션'을 통해서도 소비자들과 커뮤니케이션 할 수 있었던 것이다.

그는 앞에서 언급한 창업주들과는 달리 본인이 직접 코딩을 하는 개발자는 아니었다. 하지만 팀원들을 올바른 방향으로 이끌 수 있는 내공이 있었다. 스티브 잡스는 스스로를 '오케스트라의 지휘자'라고 표현했다. 본인이 직접 악기 연주를 하지는 않지만, 그는 연주자들이 모인 오케스트라를 훌륭하게 다루는 리더였던 것이다. 그리고 스티브 잡스의 커뮤니케이션 능력은 그의 리더십을 지탱하는 든든한 버팀목 중 하나였다.

두말하면 입 아프다. 취직의 시대에서 창직·창업의 시대로 패러다임이 바뀌고 있다. 필자가 꼽은 승자의 키워드는 3C(Coding, Creativity, Communication)다.

03

창업을 꿈꾸는 아이
목표 대학부터 다시 살피자

앞에서는 창업 시대에 필요한 핵심 역량에 대해 정리했다. 이번에는 창업가를 꿈꾸는 우리 아이들을 위해 몇 가지 대학을 추천해보고자 한다.

필자는 대학 교육이 꼭 필요하다고 생각하지는 않는다. 지식의 반감기가 급격하게 짧아짐에 따라 4년제 대학이 산업의 수요를 따라가지 못하고 있고, 1·2학년 때 배웠던 지식들은 졸업하는 순간 이미 진부한 지식으로 전락해버리고 있다. 다만 '출신 학교'라는 타이틀은 생각보다 많은 메시지를 내포한다. 일종의 첫인상 같은 역할을 한다. 좋은 대학교·대학원의 졸업장은 우리 아이들에게 여전히 더 많은 기회의 문을 열어준다.

▶▷ 디지털 시대에 우리 아이들에게 적합한 교육기관은 무엇일까?

사회 시스템은 쉽게 바뀌지 않는다. 우리가 적응하는 것이 더 빠르다. 대학도 마찬가지다. 현명한 부모라면 제 2의 스티브 잡스, 마크 저커버그를 꿈꾸는 우리 아이들에게 더 적합한 교육기관이 무엇일지 고민해야 한다.

필자가 첫 번째로 소개하고 싶은 기관은 바로 미네르바 스쿨(Minerva School)이다. 미국의 벤처 투자자인 벤 넬슨이 창립한 미네르바 스쿨은 하버드대(입학률 5%)보다 들어가기 어려운 학교다. 평균 합격률은 2~3% 수준이고, 전 세계 70여 개 국가에서 2만 명 이상의 학생들로부터 지원서를 받고 있다. 예일대·프린스턴대·서울대와 같은 국내외 명문 대학교 대신 미네르바 스쿨에 입학하는 사례도 늘고 있다.

이 학교는 도서관도, 강의실도 없다. 학생들은 정해진 시간에 온라인으로 접속하여 강의를 듣는다. 수업 방식도 미리 준비해온 주제로 교수와 함께 토론하는 방식이다. 본사는 미국 샌프란시스코에 있지만 학생들은 학기마다 전 세계를 돌아다니며 교육을 받는다. 수업 외 시간에는 학교와 연계된 기업·비영리단체·공공기관들과 함께 프로젝트를 진행한다. 아마존, 우버, 애플, 카카오, SK 등의 글로벌 회사들이 미네르바 스쿨 학생들에게 현장 경험을 제공한다.

〈포브스〉는 미네르바 스쿨을 "세상에서 가장 흥미롭고 중요한 고등 교육기관"이라고 평가한다. 세계 각국을 돌아다니면서 현지의 기업 문화를 직접 체험할 뿐만 아니라 산업의 주요 인사들과 자연스럽

게 네트워킹을 할 수 있다. 학교 일정이 끝나면 로컬들이 즐겨 찾는 맛집을 탐방하고, 현지 친구들의 주도하에 각 도시를 여행한다. 이 같은 경험들은 학생들에게 매우 값진 재료가 된다.

코로나19 이후에는 일시적으로 대면 접촉이 어려워지면서 원격 포럼 형태의 새로운 시도를 하고 있다. 최근에는 타이완 학생들이 차이잉원 총통과 오프라인 포럼을 열었고, 다른 나라 학생들은 온라인으로 참여해 함께 토론하는 방식으로 세션을 진행했다.

이런 재료들이 모이고 연결되면 '창의력'이라는 형태로 발현된다. 여러 번 강조했듯 창의력은 창업가들에게 요구되는 핵심 자질 중 하나다. 더불어 콘텐츠가 풍부한 사람은 흥미롭다. 흥미로운 사람은 매력적이고, 매력적인 사람에게는 인재들이 모인다. 스타트업은 혼자 할 수 없다. 좋은 동료가 필요하다. 매력적인 창업가는 이런 작업을 더 수월하게 할 수 있다.

두 번째로 소개할 프로그램은 바로 미국의 MIT 미디어랩(Massachusetts Institute of Technology Media Lab)이다. MIT 미디어랩은 '꿈을 생산하는 공장'으로 유명하다. 터치 스크린, GPS, 웨어러블 등 수많은 혁신을 만들어낸 곳이다. 인공지능의 아버지로 불리는 마빈 민스키(Marvin Minsky)와 멀티미디어의 개념을 최초로 제시한 니콜라스 네그로폰테(Nicholas Negroponte) 등이 1985년에 설립했다.

주요 연구 주제는 과학과 미디어 예술을 접목시키는 것이지만, 리서치의 폭이 한정되어있지 않다. 현재 약 400여 개의 프로젝트가 진행 중이며 블록체인, 생명과학, 암호화폐, 가상현실 등 연구 주제가 다양하다.

MIT 미디어랩은 기발하고 상상력이 넘치는 연구로 주목을 받아왔다. 석박사 통합 과정을 제공하지만, 특별한 전공을 하거나 논문을 제출할 의무가 없다. MIT 미디어랩의 학생들은 학교로부터 전폭적인 지원을 받는다. 학비와 보험은 물론이고 고액의 생활비(Stipend)가 지급된다. 자본의 눈치를 보지 않고 미래 지향적인 연구에 집중할 수 있다.

세계에서 가장 창의적인 공부가 이루어지는 곳 중 하나인 만큼 입학 경쟁률이 치열하다. 매년 약 50명가량의 석박사 학생을 선발하고 있는데, 경쟁률은 무려 250대 1에 육박한다. 성적이 우수한 인재들이 대기업, 공공기관, 의대, 로스쿨 등으로 모이는 한국과는 대조적인 모습이다.

MIT 미디어랩 학생들의 꿈은 교수가 아닌 사업가다. 이들의 최대 관심사는 고정관념을 깨고 세상을 바꿀 만한 아이디어를 구현하는 것이다. MIT 미디어랩 출신이자 필자의 지인인 아니루드 샬마(Anirudh Sharma) 역시 마찬가지였다.

인도 출신인 그는 공기에 떠다니는 오염물질을 잡아 친환경 잉크로 만드는 기술을 개발하여 특허를 받았다. 이 기술을 바탕으로 그래비키(Graviky)라는 벤처 회사를 창업했고, 샬마는 〈포브스〉가 선정한 '2017년 가장 영향력 있는 30세 이하 기업인'으로 선정되었다. 그는 다수의 회사와 학계로부터 러브콜을 받았지만 창업을 선택했다. MIT 미디어랩을 통해 탄생한 그의 작품 그래비키(Graviky)가 사회적인 문제점을 해결하고 의미 있는 가치를 창출할 수 있다고 믿었기 때문이다.

대한민국 교육의 중심은 결국 '대학교'다. 미국도 마찬가지다. 정도의 차이만 있을 뿐 결국 기승전 대입이다. 시대가 빠르게 변하면서 전통적인 대학 교육기관들이 흔들리고 있지만, 앞서 언급했듯 깊게 뿌리 박힌 시스템을 단기간에 바꾸기는 어렵다.

하지만 우리 아이들이 목표로 하는 학교를 조정하는 것은 가능하다. SKY가 능사는 아니라는 뜻이다. 미네르바 스쿨, MIT 미디어랩 등 새로운 유형의 대학 기관 및 프로그램들이 속속 등장하고 있다.

04

세상을 바꾸는 창업자
일론 머스크
삶의 원동력은 원대한 비전이다

2020년 가장 화두가 되는 회사는 역시 테슬라다. 많은 이들이 알고 있듯, 테슬라의 CEO인 일론 머스크는 영화〈아이언맨〉의 주인공인 토니 스타크의 실제 모델이다. 일론 머스크에 대한 시장의 평가는 엇갈리는데, '천재 사업가'라는 별명과 '희대의 사기꾼'이라는 별명을 모두 가지고 있다.

그럼에도 불구하고 명확한 팩트는, 일론 머스크가 시대를 대표하는 '연쇄 창업가'라는 것이다. 그는 12살 때 '블래스터'라는 컴퓨터 게임을 만들어 한 잡지에 게임 소스 코드를 500달러에 판매했다. 23살에는 지역정보 회사인 '집투코퍼레이션'을 창업하고 자신의 지분을 약 269억 원에 매각해 백만장자 반열에 올랐다. 이후 창업한 '페이팔'은 이베이에 인수되며 일론 머스크는 약 2,000억 원의 수익을 얻었다.

이 돈은 머스크가 다른 회사들을 창업하는 기반이 됐는데, 첫 번째로 2002년 6월 민간 우주 항공 기업인 스페이스X를 설립했다. 이와 동시에 '테슬라'의 CEO로서 전기차 시장을 개척했고, 태양 에너지 회사인 '솔라시티'에 투자했다. 이 외에도 '뉴럴링크'라는 스타트업을 통해 인간의 뇌와 컴퓨터를 연결하는 프로젝트를 진행 중이며, 100% 태양광 에너지로 운행되는 시속 1,280km의 고속열차 '하이퍼루프'를 개발하고 있다.

▶▷ 일론 머스크의 키워드, '지속 가능한 미래'

참 많은 걸 하고 있다는 생각이 들지만, 그의 사업에는 한 가지 공통분모가 있다. 바로 '지속 가능한 미래'라는 키워드다. 머스크의 첫 공식 전기인《일론 머스크, 미래의 설계자(Elon Musk: Tesla, SpaceX, and the Quest for a Fantastic Future)》에는 그가 유년 시절 지독한 괴롭힘을 받았다고 기술되어있다. 이런 과정에서 머스크는 삶에 대한 많은 고민을 했다고 한다. 아픈 경험으로 인해 일찍 철이 든 유형인데, 상처가 깊었던 만큼 '인간의 삶'에 대해서 더 치열하게 고민했고, 그 고민이 결국 '인류의 지속 가능한 미래를 위해 본인이 어떤 일을 할 수 있을까'로 발전한 것이다.

이런 그의 철학을 잘 반영한 사업 중 하나가 바로 스페이스X다. 머스크는 인류가 지구 종말을 피하기 위해서는 여러 행성을 이동하면

서 살 수 있는 다행성종(multi-planetary)이 되어야 한다고 주장한다.

그러면서 첫 번째 마일스톤으로 '인류의 화성 이주'라는 목표를 세웠고, 스페이스X라는 기업을 통해 우주 사업을 공격적으로 추진하고 있다. 로켓 발사체를 재사용해 기존 위성 발사보다 낮은 가격에 상업용 위성을 궤도에 올렸으며, 최근에는 최초의 민간 유인 우주 왕복선 발사에 성공했다. 2050년까지는 100만 명 규모의 화성 건설을 제시하고 있는데, 개인이 화성으로 가기 위해서는 약 6억 원(50만 달러)이 들 것이라고 구체적인 비용까지 추정했다.

머스크가 진행하는 스페이스X 사업에 대해서 의문을 품는 사람들은 많다. 사업 초기에는 더욱더 그러했다. 전문가들조차 현실성 없는 공상과학 소설이라며 맹비난했다. 하지만 머스크는 이 같은 시장의 반응을 물음표에서 느낌표로 전환시키고 있다.

▶▷ 머스크의 성공 비결은?

머스크의 성공 비결은 무엇일까? 필자의 답은 '끈기'다. 아무리 뛰어난 아이디어와 그걸 실행할 수 있는 지적 능력이 있어도 중간에 포기하면 말짱 도루묵이다. 물질적 보상으로는 한계가 있다. 인간의 욕심은 끝이 없기 때문이다. 끈기는 결국 '대의(大義)'에서 나온다. 머스크는 한 인터뷰에서 이런 얘기를 했다.

"돈이 저에게 중요한 적은 없었습니다. 제 관심사는 인류의 미래를 위한 문제를 푸는 것이었어요(For me it was never about money, but solving problems for the future of humanity)."

시대를 대표하는 창업의 아이콘인 일론 머스크의 대의는 지속 가능한 인류의 미래다. 그는 누군가의 구세주가 되고 싶은 것은 아니며, 그저 인류의 미래를 생각했을 때 슬퍼하고 싶지 않아 노력 중인 것이라고 주장한다.

창업자의 삶은 겉으로는 화려해 보일 수 있지만 고난과 역경의 연속이다. 필자가 멘토로 삼은 창업자들은 '목숨 걸고' 사업을 한다는 표현까지 사용한다. 단호한 결의 없이는 버티기 어려운 업계다. 이 단호한 결의는 창업자의 비전과 그 비전에 공감하는 팀원들의 믿음을 기반으로 한다. 일론 머스크가 걸어온 발자취는 리더가 품은 '대의'가 얼마나 중요한지를 잘 보여준다.

세상을 바꾸는 창업자 일론 머스크, 그의 삶의 원동력은 원대한 비전이다.

창업이 아닌 취업을 한다면?
디지털 시대, 취업에 성공하는 비법

지금까지는 창업을 해야 하는 이유와 창업에 성공하는 인재들에게 필요한 사항들에 대해서 얘기했다. 하지만 모든 사람이 창업을 할 수 있는 것은 아니다. 50년, 100년 후에도 여전히 '취준생'은 있을 것이고 안정적인 직장은 그 나름의 장점이 분명 존재할 것이다.

그래서 이번 섹션에서는 취업 성공을 위한 키 포인트를 정리했다. 필자의 경우 글로벌 IT 회사, 국내 대기업, 스타트업, PE/VC 등에서 일을 하면서 느낀 점이 상당히 많았다. 같이 일도 해보고 직접 사람을 뽑아보면서 몇 가지 패턴을 발견할 수 있었고, 기회가 된다면 훗날 취업을 준비할 우리 아이들에게 꼭 전달해주고 싶은 메시지가 있었다.

▶▷ 취업에 성공하는 비법은?

취업에 성공하는 비법은 무엇일까? 요약하면 다음과 같다.

첫째, 본인만의 '스토리(story)'를 만들어라. 면접을 해보면 기계적인 답변들이 많다. 질문에 대한 답이 거의 다 비슷비슷하고 과거 인턴십 경험부터 학교 동아리 활동까지 차이점이 별로 없다. 시험 성적, 학점 등도 이미 상향 평준화가 되어있어서 고득점자들을 봐도 큰 감흥이 없다. 그래서 인터뷰를 하다 보면 금방 지친다.

그러다 중간중간 눈에 띄는 친구들이 있는데 바로 '재밌는' 스토리를 가진 지원자들이다. 책을 출판한 친구, 뉴욕에서 비영리 단체를 운영한 친구, 퇴직금으로 1년간 아프리카 여행을 한 친구들의 면접 내용은 여전히 생생하게 기억난다.

'나만의 스토리'의 중요성은 포스트 코로나 시대에는 더욱더 부각될 수 밖에 없다. 코로나19는 우리를 움츠러들게 만들었다. 집에서 보내는 시간이 늘고 외부와의 접촉이 드라마틱하게 줄어들었다. 회사들이 고용을 축소하면서 인턴십 기회도 줄어들고 있다.

이런 상황에서 '나만의 스토리'를 만드는 건 상당히 어렵게 느껴질 수 있다. 소통과 접촉의 부재로 인한 고립감이 커지고 있기 때문이다. 하지만 그렇기에 이럴 때일수록 흥미로운 스토리를 보유한 취준생들은 더 큰 경쟁력을 가질 수 있다. 위기는 기회다.

디지털 채널을 활용해 스스로를 브랜딩해보자. 게임을 좋아한다면 직접 게임을 만들어봐라. 무역에 관심이 있다면 온라인 플랫폼 아

마존을 통해 미국인들에게 물건을 팔아봐라. 남들이 안 하는 걸 해야 된다. 생각보다 할 수 있는 게 많다.

둘째, 기본에 충실하자. 학생들의 이력서를 받아보면 놀랍게도 사소한 실수를 하는 친구들이 많다. 예컨대 학교명을 잘못 쓰거나 맞춤법을 틀리는 경우가 있다. 이력서에는 이런 작은 오류도 있어서는 안 된다. 10번, 20번 다시 확인하고 가장 완성도 높은 서류를 보내야 한다.

디지털 시대의 특징 중 하나는 바로 '속도'다. 모든 것들이 빠르다. '여유'와 '공백'을 찾기 어렵다. 그래서일까? 최근 입사한 신입사원들을 보면 디테일에 약한 경우가 많다. 오탈자도 컴퓨터가 알아서 잡아주니 이런 부분들에 더 둔감해지는 것 같다.

하지만 디지털 시대건 아날로그 시대건 기본은 늘 중요하다. 이는 어찌 보면 '애티튜드(태도)'의 문제인데 필자의 경험상 이런 본질적인 것들은 쉽게 바뀌지 않는다. 면접을 진행하는 대다수의 담당자들도 비슷한 생각을 할 것이다. 정도의 차이만 있을 뿐이다. 기본은 말 그대로 '기본'이다.

셋째, '컴퓨터의 언어'를 배워라. 앞으로 세상은 더 빠르게 디지털화할 것이다. 디지털 세상에서 코딩은 영어와 같은 존재다. 영어는 이제 당연히 잘해야 하는 것이고, 거기에 더해 코딩이라는 컴퓨터의 언어를 습득해야 한다. 모두가 개발자가 되라는 뜻이 아니다. 다만 개발자들과 컴퓨터의 언어를 편하게 얘기할 수 있는 정도의 지식은 있어야 한다. 물론 코딩을 개발자 수준으로 한다면 몸값이 퀀텀 점프 (quantum jump)할 확률이 높겠지만, 그렇지 않고 기본만 해도 우리 아이들의 선택 폭이 크게 넓어진다.

금융·바이오와 같은 전통적인 산업에서도 디지털 역량을 요구한다. 특정 산업에 대한 전문성과 디지털 전문성을 모두 갖춘 '융합형' 인재에 대한 수요가 지속적으로 상승할 것이다.

그래서 필자는 어려서부터 코딩을 조금씩이라도 배우는 것을 추천한다. 대학에서는 복수전공 혹은 부전공으로 컴퓨터공학 (Computer Science)은 꼭 하는 것이 좋다. 코딩은 디지털 시대 취업 성공을 위한 핵심 키워드다.

넷째, '덕후'가 되자. '덕후'란 "특정 관심사에 깊이 빠져 고립된 생활을 하는 사람"을 뜻한다. 1970년대 일본에서 생겨난 '오타쿠'라는 단어에서 유래되었는데, 지금은 긍정적인 의미로 "한 분야에 깊이 있게 빠진 사람"을 의미한다.

디지털 시대에서 기업들은 '덕후'를 필요로 한다. AI와 로봇이 할 수 있는 일반적인 사무 업무를 잘하는 제너럴리스트(generalist)의 가치가 떨어진다. 그 대신, 특정 분야의 전문성을 가진 인재가 '일당백' 역할을 할 것이다.

이런 움직임은 이미 국내 기업들 사이에서도 포착되고 있다. 필자의 지인 중 한 명은 누구나 인정하는 '화장품 덕후'였다. 신상품을 꼭 사용해야 직성이 풀리는 스타일이었고, 사용 후에는 본인의 뷰티 블로그를 통해 후기를 남겼다. 블로그가 입소문이 나자 뷰티 업체들은 필자의 지인을 품평회에 초대하고 사용 후기 작성을 부탁하기도 했다. 결국 학부 졸업 후에 국내 유통 대기업에 입사까지 하게 되었다.

덕업 일치를 통해 취업까지 성공하는 사례들은 앞으로 더욱더 많아질 것이다. 필자 역시 덕후들을 존중한다. 덕후들은 사소한 분야일지라도 집요하게 파고들어 A~Z까지 철저하게 파악한다. 집념은 전문성을 만든다. 무엇인가에 과몰입한 경험은 업무에서도 분명 빛을 발할 수밖에 없다.

취업은 늘 큰 숙제 같은 느낌이다. 우리 아이들의 시대에도 마찬가지일 것이다. 그리고 이왕 할 거면 잘하는 게 좋다. 필자가 꼽은 핵심 키워드는 스토리, 기본, 코딩 그리고 덕질이다.

PART 3

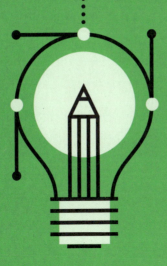

새로운 학교를 찾아라

. . . .

한국 공교육의 한계?
대한민국 학교의 공간 그리고 창의성

대한민국의 학교는 놀라울 정도로 군대와 공통점이 많다. 가운데 운동장(연병장)을 중심으로 3~4층짜리의 네모난 건물들이 들어서있다. 복도는 일자형이다. 구조가 단순해서 통제·감시하기에는 상당히 편리하다. 운동장(연병장)은 주로 축구를 좋아하는 학생(군인)들이 독점한다. 소극적인 친구들은 사용하기가 쉽지 않다. 학교 교실은 군대 내무반과 같이 동일한 모양과 크기로 구성되어있다. '2학년 6반'과 같은 표지판이 없으면 각각의 교실을 구분하기 어렵다.

허락받지 못한 시간에는 외부로 이동할 수 없다. 학교에서는 학생주임 선생님이 학생의 이동을, 군대에서는 위병들이 병력의 이동을 통제한다.

조금만 더 얘기해보자. 우리 아이들과 군인들은 모두 같은 음식을 먹고 같은 옷을 입는다. 이런 환경에서 창의력은 크게 요구되지 않는다. 필자도 경험했지만, 입대 후 군복을 입는 순간부터 옆에 있는 동기들과 다른 행동을 하지 말자는 생각을 자연스럽게 하였다.

물론 군대라는 조직의 특성을 고려하면 이와 같은 현상을 쉽게 납득할 수 있다. 전쟁터에서는 '창의'라는 단어를 배제해야 하기 때문이다. 지휘관들에게는 자유로운 사고가 필요하겠으나, 그들을 따르는 예하 병사들에게는 명령을 정확하게 실행하는 행위가 더욱 중요하다.

▶▷ 학교는 군대와 다르다

하지만 학교는 다르다. 학교는 자유롭게 사고하면서, 서로의 다름과 다양성을 인정하고 존중해주는 방법을 배워야 하는 공간이다. 특히 이러한 역량은 정보의 홍수로 인해 '지식의 습득'보다 '창의적 문제 해결 능력'이 훨씬 더 중요한 4차 산업혁명 시대에 꼭 필요한 스킬(skill)이다.

대한민국의 아이들은 자아가 형성되는 12년이라는 소중한 시간을 '창의력'이 배제된 공간에서 살고 있다. 사회는 빠르게 디지털화하고 있음에도 불구하고 교실의 풍경은 50년 전과 다를 바 없다. 다양한 시도가 이루어지고 있지만, 수십 명의 학생들은 여전히 선생님과 칠판만을 바라보고 있고, 일방향적 주입식 교육과 평가는 여전하다. 이런 환경 속에서 제2의 스티브 잡스, 제2의 마크 저커버그가 나

오기를 기대하는 것은 모순이다.

우리 정부는 '창의적 인재'를 강조하며 창업 활성화를 정책의 최우선 순위에 두고 있다. 고용 창출에 직접적 효과가 있고, 4차 산업혁명의 신산업 육성에도 기여하는 바가 크기 때문이다. 2018년 국내 벤처 투자는 3조 원을 돌파했다. 역대 최대 규모의 금액이다.

그럼에도 불구하고 대다수의 대한민국의 청년들은 '혁신'보다는 '안정'을 추구한다. 한국의 공무원 시험 합격률은 2.4%로 하버드 대학의 입학률인 4.6%보다도 낮다. 교도소 같은 공간에서 12년을 보낸 우리 아이들이 '도전'과 '다양성'을 두려워하는 것은 어찌 보면 당연한 현상이다.

"창의성을 말하는 회사가 있고 공간으로 보여주는 회사가 있습니다."

필자가 최근 인상 깊게 본 광고 카피다. 교육도 마찬가지다. 창의성을 말로만 하지 말고 공간으로 보여주면 좋겠다.

포스트 코로나 시대의 공교육에서 어떻게 창의적으로 공부할까?

여기서 잠깐

코로나19는 우리 사회에 적지 않은 변화를 가져왔다. 특히 공교육 현장이 그러하다.

오프라인 수업만을 고집해오던 학교 기관들이 전격적으로 온라인 개학 및 원격 교육을 시작했다. 경기도교육연구원이 발표한 '코로나19와 교육: 학교 구성원의 생활과 인식을 중심으로'라는 보고서에 따르면 초중고 학생들 절반 이상이 코로나19 이후 삶이 크게 변화했다고 답했다.

컴퓨터와 스마트폰 같은 미디어 기기 사용 시간이 학습 목적으로 68.8%, 학습 외 목적으로 46.7% 증가했다. 실내 활동의 비중이 늘면서 신체 활동에 할애되는 시간이 드라마틱하게 줄었다. 이 조사에 참여한 학생들 중 42.8%는 1시간 미만 동안만 몸을 움직였고, 18.9%는 운동을 하는 시간이 전혀 없었다.

비대면 교육으로 전환된 이후 가장 눈에 띄는 변화 중 하나는 바로 아이들의 '집중력 감소'다. 경기도교육연구원 자료에서 고교생의 22.8%가 "온라인 수업을 하면서 집중력이 떨어지고 인터넷 검색, SNS 등을 더 자주 한다"고 답했다. 응답자의 9.7%는 "설명 중심의 수업이 많아 학습 흥미가 떨어진다"고 말했다. 학부모들과 교사들의 답변도 크게 다르지 않았다. 온라인/비대면 교육의 가장 큰 단점으로 집중력 감소를 꼽았다. 서울의 모 중학교 교사는 수업 시간에 착실히 수업을 따라오는 학생은 반 인원 20명 중 5명 정도라고 답했다.

학생들만 탓하기는 어려운 상황이다. 새로운 환경이 당황스러운 건 아이들도 마찬가지다. 대책이 필요하다. 필자는 다음과 같은 것을 제안한다.

✚ 첫째, 학교에서 공부하던 때와 비슷한 학습 환경을 만들어주자.

우리 뇌는 집을 '쉬는 공간'으로 인식한다. 뇌가 보내는 신호는 생각보다 강력하다. 의지만으로 쉽게 해결할 수 있는 부분이 아니다. 시작점부터 바꿔야 한다. 일단 집 안에서 쉬는 공간과 공부하는 공간을 확실하게 분리해보자.

그다음은 계획표다. 학교에서는 정해진 시간표에 따라 아이들이 움직인다. 규칙적인 패턴 속에서 학생들은 안정감을 찾을 수 있고, 안정감은 집중력으로 이어진다. 단, 학습 계획표의 경우 아이들이 스스로 작성하도록 유도해라.

여기서 계획표는 공부 시간이 아닌, 공부 분량을 기준으로 작성하는 것이 더욱 효율적이다. 초반에는 하루에 어느 정도의 양을 공부하는 것이 좋을지 아이와 함께 상의한 후, 계획표를 작성하는 것이 좋다.

이렇게 아이가 계획한 분량의 공부를 완료할 경우 죄책감 없는 휴식을 갖도록 도와줘라. 맛있는 음식을 보상으로 줘도 좋고, 본인이 하고 싶은 취미 활동을 하는 것도 좋다. 단, 쉬는 공간은 공부하는 공간과 반드시 분리되어야 한다.

✚ 둘째, 적절한 운동은 필수다.

운동이 학습 효과에 긍정적 영향을 미치
는 사실은 이미 여러 리서치를 통해 증명되
었다. 국민대 연구팀과 의료기관 365mc비
만클리닉이 공동으로 진행한 연구 결과에 따
르면, 운동을 한 그룹이 운동을 하지 않은 그
룹에 비해 6%가량 기억력이 상승했다. 컬럼

비아대 메디컬센터팀은 운동이 학습 및 기억을 관장하는 신경세포
를 생성함으로써 '시냅스(synapse)'라는 신경세포들의 연결 지점의
'가소성(neuroplasticity)'을 높여 지적 능력을 증가시킨다는 연구 결
과를 내놓았다.

공부하는 학생들에게 운동은 선택이 아닌 필수다. 코로나 사태로
인해 체육 활동을 하기 어렵다는 점은 충분히 이해한다. 그러나 가벼
운 체조, 빠르게 걷기 및 손가락 운동과 같은 간단한 운동만으로도
충분하다. 기억력과 집중력을 동시에 올릴 수 있는 매우 쉽지만 중요
한 교육법이다.

✚ 셋째, 자기주도학습이 필요하다.

수능 만점을 받은 학생들의 인터뷰를 보면 다음과 같은 내용들이
종종 등장한다. "특별한 비법은 없지만 그냥 저한테 맞는 공부법을
찾아서 꾸준히 준비했어요."

여기서 포인트는 바로 '자기주도학습'이다. 실제로 명문대생 중 자기주도학습이 되지 않는 학생은 없으며, 입시 전문가 또한 자기주도학습의 중요성을 거듭 강조했다. 우리가 잘 알고 있는 스티븐 잡스, 마크 저커버그, 빌 게이츠 와 같은 유명 인사들도 자기주도학습을 통해 성공을 거뒀다.

필자도 학원은 '보조제' 역할을 했을 뿐 혼자 공부하는 시간이 압도적으로 많았다. 학원 교육은 학습의 속도를 높여줄 뿐이지 결국 핵심은 본인 스스로 흡수해야 한다. 자기주도학습에는 여러 가지 방법들이 존재하는데 필자가 즐겨 사용하는 방식은 바로 '셀프티칭(Self-teaching)' 이었다.

미국 유학 가기 전 대전 연구단지에 위치한 대덕중학교 재학 당시 첫 번째 시험에서 전교 10등 안에 들면서 이 방법이 통한다는 것을 알 수 있었고, 예일 대학교 석사 과정을 마칠 때까지 매우 유용하게 사용한 전략이다.

방법은 단순하다. 내 앞에 학생이 있다고 상상하면서 혼자 강의를 하면 된다. 좀 이상하게 들릴 수도 있지만 원래 수업은 듣는 사람보다 하는 사람이 배우는 게 더 많은 법이다. 실제로 대학원에서 박사 과정을 하는 학생들 중에는 자기가 이해하기 어려운 과목을 세미나로 만들어 수업을 진행하기도 한다. 다른 사람들에게 가르치는 과정을 통해 난해한 개념들이 정리되는 경우가 많기 때문이다.

김희삼 광주과학기술원교수의 연구 보고서에도 흥미로운 내용이 있다. '학업성취도, 진학 및 노동시장 성과에 대한 사교육의 효과 분석'에서 김 교수는 자기주도학습이 사교육보다도 더 우수한 수능 결과를 가져온다는 사실을 실증 데이터를 통해 보여줬다.

보고서에 따르면 수능에서 수학 성적은 사교육 시간 1시간 더 많을 때 1.5% 상승한 반면, 자기주도학습 시간이 1시간 더 많을 때는 4.6%까지 상승했다. 자기주도학습이 사교육 대비 약 3배 정도의 성적 상승 효과를 보인 것이다. 이외에 자기주도학습은 언어 영역에서 11배(사교육 0.5% 상승, 자기주도학습 5.7% 상승), 외국어 영역에서 22배(사교육 0.3%, 자기주도학습 6.8%)가량 성적 상승 효과를 보인 것으로 나타났다. 김 교수의 연구는 자기주도학습 시간이 더 많은 학생들이 향후 취업에서도 더 긍정적인 결과를 거둔다고 주장한다.

위기는 기회라고 했다. 코로나19로 인해 크게 변화한 교육환경이 우리 아이들이 '자기주도학습법'을 터득할 수 있는 좋은 찬스가 될 수도 있다는 뜻이다. '미국 건국의 아버지' 중 한 명인 벤자민 프랭클린은 다음과 같이 말했다.

"불평 불만을 늘어놓는다고 해서
우리 삶에 변화는 일어나지는 않는다."

코로나19 이후의 공교육도 마찬가지다. 시대를 탓하는 것만으로는 해결책을 찾을 수 없다. 답은 이미 나왔다. 필자가 제시한 3가지 방법부터 행동으로 옮겨보자. 백마디 말보다 실천이 더 중요하다.

홈스쿨링은 공교육을
대체할 수 있을까?

디지털 시대에 새로운 교육 방식이 필요하다

코로나19 바이러스가 대한민국을 강타했다. 전국 유·초·중·고는 신학기 개학을 연기했고, 다수의 학원들도 휴원을 검토 중이다. 그러면서 자연스럽게 홈스쿨링에 대한 부모들의 관심이 높아지고 있다. 홈스쿨링은 오랜 기간 동안 그 실효성에 대한 의문이 제기되었다.

과연 홈스쿨링은 기존 공교육의 대체제가 될 수 있을까? 결론부터 말하면 필자의 답은 YES다. 이유는 다음과 같다.

첫째, 홈스쿨링에서는 자기주도학습이 가능하다. 학생들은 저마다 다른 재능과 역량을 가지고 태어난다. 그럼에도 불구하고 우리는 아직까지 2차 산업시대의 교실 모델인 'One Size Fits All' 시스템을 고수하고 있다. 평균 수준의 학생에 맞춰 교육이 진행되다 보니 역량이 조금 부족한 학생들은 수업 내용을 이해하기 어렵고 역량이 뛰어난 학

생들은 수업이 지루해진다. 이런 문제를 해결하기 위해서는 학생들이 학습 속도를 직접 조절할 수 있어야 한다. 자기주도형 교육이 필요하다는 뜻이다.

꽤 최근까지 홈스쿨링은 주로 부모의 주도하에 교육이 이루어졌다. 하지만 에듀테크(EduTech)의 발전 덕분에 온라인 기반의 자기주도형 학습을 하는 학생들이 많아졌다.

'K12'라는 미국 온라인교육업체의 경우 인터넷 접속이 가능한 환경이라면 학생들이 선생님의 도움 없이 언제 어디서든 자기주도적으로 학습할 수 있는 환경을 구현했다. 온라인 콘텐츠를 보고 따라가는 것만으로도 충분하지만, 혹시 아이가 학습 도중 막히는 부분이 있을 경우 전화상담 등을 통해서 빠르게 문제를 해결해준다.

K12에서 제공하는 커리큘럼보다 더 고급 과정을 원한다면 대학 기관이 제공하는 MOOC(Massive Open Online Courses, 무료 온라인 공개 수업)를 활용할 수 있다. 이를 통해 학생들은 본인의 학습 속도를 능동적으로 조절한다. 학업 능력이 뛰어난 학생들은 더 빠르게 많은 콘텐츠를 흡수할 수 있다. 역량이 조금 부족한 아이들은 스스로 주변 학우들과 비교하면서 "역시 나는 안 돼"와 같은 패배 의식을 느낄 필요가 없다. 각자의 스타일에 맞추어 개별적으로 학습을 진행하면 되기 때문이다. 자연스럽게 교육 효과는 올라가고 낙오자는 줄어든다.

둘째, 홈스쿨링을 통해서도 '사회적 스킬(social skill)'을 습득할 수 있다. 혹자는 아이들이 공교육을 받지 않으면 사회 적응 능력이 떨어지는 게 아니냐고 주장한다. 그들은 학교라는 사회의 축소판을 통해 미리 조직 생활을 경험하는 것이 좋다고 말한다.

하지만 필자는 동의할 수 없다. 이제는 취업이 아니라 창직의 시대가 올 것이기 때문이다. 우리 아이들이 살아갈 세상은 디지털 기술을 기반으로 하는 '긱 이코노미(Gig Economy)'가 확대되면서 프리랜서 경제 시장이 빠르게 확장될 것이다. 유연성과 자유로움을 갖춘 근무 형태로 변화하는 동시에 2~3개의 커리어를 가질 수 있는 구조로 진화할 것이다.

회사와 같은 울타리 안에 갇혀 동료들과 치열하게 경쟁하는 구조는 구시대의 유물이 될 확률이 높다. 전통적인 학교의 모델은 Z세대 아이들의 사회성을 높이는 데 별로 도움이 안 된다는 뜻이다. 오히려 독립적으로 학습하며 학교 밖에서 다양한 연령대의 사람들과 자유롭게 교류할 수 있는 홈스쿨러들이 새로운 시대에 더 적합한 '사회적 스킬'을 배울 수 있다고 본다.

'사회적 스킬'의 중요한 요소 중 하나인 커뮤니케이션 능력도 마찬가지다. 홈스쿨링의 교육이 공교육의 그것과 비교해도 부족함이 없다. 관련 사례로는 미국 스탠퍼드 대학교에서 운영하는 '스탠퍼드 온라인 고등학교(Stanford Online High School)'을 꼽을 수 있겠다.

스탠퍼드 온라인 고등학교에서는 화상 대화가 가능한 플랫폼에 31개국의 학생들이 동시 접속하여 토론 방식으로 수업을 진행한다. 해당 플랫폼에서는 페이스북의 '좋아요'와 유사한 기능을 통해 강의에 대한 실시간 피드백 전달이 가능하다. 채팅 창에서는 자유롭게 질문하고 언제든 각자의 피드백을 전달할 수 있다. 칠판 앞에서 지식을 일방적으로 전달하는 학교의 모습과 사뭇 다르다.

다만 스탠퍼드 온라인 고등학교 또한 오프라인의 교육 요소를 갖고 있다. 학기 중 모든 수업은 온라인으로 이루어지지만, 여름방학 기간에는 캘리포니아에 위치한 본교에서 오프라인 과정을 제공한다. 해당 기간에 학생들은 리더십 프로그램을 이수하고 함께 여행하며 친목을 도모한다. 학기 중에도 Karaoke Night, Movie Night 등 다양한 소셜 프로젝트를 진행한다. 홈스쿨러는 사회성이 결여된다는 편견을 해소하기 위해 학교가 마련한 해결책이다.

▶▷ 홈스쿨링은 창의력을 키우는 데 적합한 교육 방식이다

오늘날의 학교 시스템은 '성실한 공장 노동자'를 양성하기 위해 만들어졌다. 정해진 규칙을 잘 따르고, 필요한 정보를 정확하게 암기하며, 빠르게 산수 문제를 풀 수 있는 인력을 키워낸다.

하지만 우리는 디지털 시대에 살고 있다. 상당수의 교육자들이 이러한 시스템은 더 이상 적절하지 않다는 것을 인지하기 시작하며 교육 방식을 서서히 바꿔가고 있다. 홈스쿨링은 그 노력의 결과물 중 하나다.

미국은 이미 약 3.5%의 청소년들이 홈스쿨링을 통해 교육을 받는다. 할리우드의 배우인 라이언 고슬링, 테니스 여제 세레나 윌리엄스, 최연소 베스트셀러 작가 크리스토퍼 파올리니 등이 홈스쿨을 통해 기본 교육을 받았다. 국내에서도 악동 뮤지션의 이찬혁·이수현 남매와 〈슈퍼스타 K6〉의 우승자인 곽진언 씨가 홈스쿨러 출신이라고 보도된 바 있다.

새로운 시대에서는 본인만의 색깔이 명확한 친구들이 더 좋은 기회를 잡을 수 있다. 본인만의 색깔은 곧 개성이며, 개성은 창의적 사고를 기반으로 한다. 홈스쿨링은 전통적인 학교 교육보다 창의력 훈련에 더 적합한 교육 방식이다. 100년 넘게 사용하고 있는 2차 산업 시대의 학교 모델을 대체하지 못할 이유가 없다.

대안학교가 진짜
대안이 될 수 있을까?
공교육의 좋은 대안이다

대한민국 공교육의 신뢰가 무너지고 있다. 통계청과 교육부가 진행한 조사에 따르면 2018년 사교육비 총액은 약 19.5조 원으로 전년 18.6조 원보다 4.4%가량 증가했다. 학생 수는 약 2.5% 하락했음에도 불구하고 사교육비 지출은 더 커지고 있다. 2019년 선풍적인 인기를 끌었던 드라마 〈스카이캐슬〉은 그러한 상황을 잘 보여준다. 대중에게 사랑받은 작품들은 시대의 트렌드를 그대로 반영하는데 〈스카이캐슬〉의 흥행은 공교육에 대한 불신을 방증한다.

　공교육에 대한 불만족은 대안학교, 국제학교 등 일반 학교의 틀을 벗어난 교육에 대한 관심으로 이어지고 있다. 지난 2월 중구 한 호텔에서 진행한 모 국제학교 설명회에는 코로나19 여파에도 불구하고 80여 명의 학부모 및 관계자들이 참석했다. 국내에서 학력을 인정받는 인가형 국제학교·외국인학교 재학생 수는 지난 4년 사이 1000 명 이상 늘었고, 공식 집계가 어려운 미인가 국제학교 재학생을 포함 한다면 그 숫자는 더 커지게 된다.

합리적인 선택이다. 공교육 시스템은 쉽게 바뀔 수 없다. 변화는 점진적으로 이루어질 확률이 크고 상당한 시간이 소요될 것이다. 지금 당장 우리 아이에게 맞는 학교 교육을 원한다면 대안학교는 좋은 '대안'이 될 수 있다.

▶▷ 대안교육의 장점은 무엇일까?

대안교육을 경험한 이들이 공통적으로 꼽는 장점은 "틀에 박힌 생각에서 벗어날 수 있다는 것"이다. 상대적으로 유연한 커리큘럼과 교육 환경 속에서 학생들은 스스로의 삶을 주체적으로 결정한다. 이는 필자가 여러 번 강조한 디지털 시대의 핵심 역량인 '창의성'과 연결된다. 대안학교를 일반 학교에 적응하지 못한 아이들이 모이는 교육 기관으로 인식하는 경우가 많지만, 대부분의 대안학교는 학생들과 교사가 자유로운 교육 환경을 만들기 위해 노력하는 곳이다.

충남 서산시에 위치한 샨티학교를 예로 들어보자. 샨티학교는 스스로 "여행으로 성장하며 대안적 진로를 찾는 인생학교"라고 정의한다. 이 학교에서는 학생들이 교사들과 함께 인도, 동남아, 네팔 등으로 약 40~50일간의 장기 여행을 떠난다. 여행 중에는 한글 교육 봉사, 순례길 탐방과 같은 특별한 활동들을 진행한다.

　학기 중에는 일반 학교에서는 접하기 어려운 수업들이 진행된다. 대표적으로는 '농사수업'이라는 과목이 있다. 직접 땅을 갈고 야채를 심어 재배하는 수업이다. 지역 농부가 직접 학교에서 수업을 진행하고, 학생들은 농사와 관련된 여러 가지 기법과 원리를 배운다. 학교 안에 있는 효소 공장에는 야생화를 모아 효소를 만들고 보관하는 작업장이 있다. '공학기초'라는 과목은 실생활에 사용되는 물품을 분해하며 기술을 배우고, 습득한 기술을 통해 새로운 물건을 직접 만들어본다. 학생들은 학습한 노동 기술을 통해 학교 내 시설들을 직접 수리해보는 실전 과정까지 거친다.

　이외에도 미술치료·사회 수업 등이 있는데 대부분의 과정들은 토론식으로 진행된다. 예컨대 미술치료 시간에는 학생들이 서로의 작품에 대해 피드백을 공유하고, 사회 시간에는 시사 잡지로 사회문제를 보면서 의견을 교환하고 토론하게 된다.

국제학교 중 흥미로운 사례로는 2020년 가을에 개교 예정인 프로비던스 코리아(Providence South Korea)가 있다. 해당 학교는 미국 애틀랜타 주에 위치한 명문 사립학교인 프로비던스 크리스천 아카데미(Providence Christian Academy)의 한국 캠퍼스다. 1세대 유학 컨설턴트로 다수의 아이비리그 학생들을 카운셀링한 유지영 대표가 한국 분교의 교장을 맡는다.

이 국제학교에서 가장 주목할 만한 점은 바로 스템(STEM) 교육이다. 〈US뉴스위크(US Newsweek)〉에서 인증한 미국 내 최고 수준의 스템 프로그램을 한국 캠퍼스에도 도입한다. 디자인 소프트웨어, 로봇공학, 3D프린팅 등 다채로운 기술 수업들을 프로젝트 형식으로 진행한다. 해당 과정을 통해 학생들은 로봇을 직접 프로그래밍하고 DNA 샘플 등을 분석한다. 더 나아가서는 습득한 기술을 활용하여 우리가 당면하고 있는 실제 문제들을 직접 해결해본다.

한국 캠퍼스 졸업생들은 서울 분교뿐 아니라 미국 본교의 졸업장도 받을 수 있다. 국제학교의 경우 해외 대학 진학을 목표로 하는 아이들에게 더 적합하지만, 미국 학교의 졸업장이 있는 학생들의 경우 검정고시 없이 국내 학교 수시 지원도 가능하다. 참고로, 2020년 기준 국내 상위 15개 대학의 수시 전형을 보면 64개 전형 중 46개 전형이 해외 고등학교 졸업자의 지원을 허용하고 있다.

이렇듯 이미 한국에는 교육 수요를 충족할 수 있는 다양한 대안학교들이 존재한다. 다만 섣부른 판단은 금물이다.

▶▷ 대안학교 선택할 때 꼭 확인해야 하는 사항은?

대안학교 선택 시 꼭 확인해야 하는 사항이 몇 가지 있다.

첫째, 운영하는 기관 및 대표자의 평판을 철저하게 조사해라.

민간에서 운영하는 만큼 리스크가 더 높기 때문이다.

둘째, 적지 않은 비용을 감당할 수 있는지 냉철하게 판단해라.

대안학교는 일반 고교보다 가격이 높은 편이며, 국제학교의 경우 연간 비용이 5,000만 원을 넘는 경우도 있다. (물론 뒤에서 언급한 샨티학교, 이후학교처럼 연 비용 500만 원 선에서 교육을 받을 수 있는 기관들도 존재한다.)

셋째, 대안학교를 보내는 목적이 명확한지 살펴봐라.

부모와 아이가 원하는 5~10년 후 모습을 그려보고, 그 모습에 가까워지기 위해서 대안학교 교육이 더 실용적인지 판단해라. 명확한 계획과 목적이 없다면 대안학교의 주체적이며 자유로운 교육은 아이에게 오히려 독이 될 수 있다. 자유엔 스스로 결정해야 한다는 책임이 따른다.

"최후까지 살아남는 종은 가장 힘이 세거나 영리한 종이 아니라 변화에 가장 잘 적응하는 종이다."

세계적인 과학자이자 철학자인 찰스 다윈의 말이다.

지금은 창의력의 시대다. 천편일률적인 주입식 공교육 체계는 창의적인 사고를 기르는 데 그 한계를 드러내고 있다. 창의력은 자기주도적인 사고에서 나오고, 아이들의 사고는 교육의 산물이다. 주체적인 삶의 태도를 기를 수 있는 대안학교의 교육 방식은 공교육의 대안이 될 것이다.

국내 대안학교는
어떤 곳들이 있을까?

대안학교는 일반적인 정규 교육이 아닌, 학생 참여 중심 교육과 현장 실습 및 체험 등의 다양한 교육을 실시하는 학교다. 물론 대안학교를 "문제아학교"로 바라보는 시선이 존재하는 것은 사실이다. 그러나 이는 일부일 뿐, 찾아보면 많은 대안학교가 학생 개개인의 특성을 반영한 자유로운 교육 환경을 제공하려고 노력한다.

대안학교는 국가에 인가를 받아 학력이 인정되는 경우와 그렇지 않은 경우가 있다.

인가 대안학교의 경우 졸업 후 정식학력으로 인정받을 수 있다. 그러나 기본교육과정을 이수해야 하기 때문에 대안학교 특유의 자율성이 떨어질 수도 있다.

비인가 대안학교의 경우 기존 시스템에서 완전히 독립되어 학교만의 독창적, 창의적인 교육 시스템을 운영할 수 있다. 그러나 정식교육과정으로 인정되지 않기에 정부의 지원이 없어 학비가 비싼 편이고, 검정고시를 응시해야만 학력을 인증받을 수 있다.

아이들을 위한 대안학교를 선택할 때에는 인가 여부로 인한 각 특징들을 확실히 파악한 후, 학교의 이념 및 교육 방식 등을 충분히 고려해야 할 것이다.

　대안학교는 특성에 따라 여러 종류로 나눌 수 있다. 이 파트에선 여러 대안학교 중 여행대안학교를 대표하는 '샨티학교', 학생의 진로 탐색과 자율권을 중시하는 '이우학교', 철학 및 인문학을 중심으로 하는 '지혜학교', 독일의 발도르프 교육을 바탕으로 하는 '푸른숲발도르프학교', 그리고 마지막으로 게임 개발 및 미디어 문화예술을 교육하는 '푸른나무미디어스쿨'을 소개한다.

대안학교 알아보기

1

샨티학교

특징	여행대안학교로 유명. 인도, 동남아, 네팔 등으로 약 40~50일간의 장기 여행을 떠나 한글 교육 봉사, 순례길 탐방과 같은 활동 진행.
세부 사항	• 여행 외에도 실생활에 필요할 다양한 수업 제공. '농사수업'이라는 과목에선 직접 땅을 갈고 야채를 심어 재배. 지역 농부가 직접 학교에서 수업을 진행하고, 학생들은 농사와 관련된 여러 가지 기법과 원리를 배우며, 학교 안에 있는 효소 공장에는 야생화를 모아 효소를 만들고 보관하는 작업장 존재. • '공학기초'라는 과목에선 실생활에 사용되는 물품을 분해하며 기술을 배우고, 습득한 기술을 통해 새로운 물건을 직접 만들며 학교 내 시설들을 직접 수리해보는 실전 과정까지 거침. • 이외의 대부분의 과정들을 토론식으로 진행. 미술치료 시간에는 학생들이 서로의 작품에 대해 피드백을 공유하며, 사회 시간에는 시사 잡지로 사회문제를 보면서 의견 교환 및 토론.
개교	2011년
위치	충남 서산시
인가 여부	비인가
입학 조건	학부모 소개서와 학생의 자기소개서를 바탕으로 학생 선발
학년 구분	중등부, 고등부(고등부 위주)
학비	입학금 500만 원, 기숙사비를 포함한 월 90만 원의 학비
구성원	전체 학생 수 30명, 교직원 9명(2020년 7월 기준)
졸업생	많은 졸업생이 대학 입시보다는 다른 진로를 찾으며, 해외 활동 다수. 해외 여행이나 워킹 홀리데이와 같은 해외 활동 이외에도 국내 취직, 사이버대학 진학 등의 다양한 진로를 모색함.

대안학교
알아보기
2

이우학교

특징	학생의 진로 탐색을 돕기 위한 다양한 특성화 교육과정 진행. 학생 개개인의 진로와 적성에 맞춰 인문, 자연, 예체능, 비진학/창업의 계열로 나누고 선택교과 운영. 학생의 자율적 학습과 성장을 중시하여 학부모에게 '사교육 포기 각서'를 받으며, 학원과 과외 수업을 금지.
세부 사항	• 학생들이 조직한 교육 과정 연구팀인 '이우수업팀'은 학생들이 원하는 과목의 학습 목표와 주요 내용을 학교 측에 제안하고, 협의를 거쳐 그 수업이 개설됨. 학기 중간에 실시하는 수업 평가인 '좋은 수업 만들기'에서는 수업의 질을 높이기 위해 학생들끼리 수업 진행 방식에 대해 토론하고, 결과를 교사에게 전달. 사교육을 금지하기에 학생이 원하는 과목을 최대한 개설하려 노력. • 고1을 대상으로 이뤄지는 '한여름 밤의 꿈'이란 과목에선 학생들이 주체가 되어 모든 과목 교사들과 함께 뮤지컬 작품을 완성한 후, 학기 말에 공연. • '해외통합기행' 프로그램에서는 베트남, 네팔, 대만 등의 국가에서 일주일간 또래 현지 친구들과 지내며 평화, 공동체, 국제화 의식 함양.
개교	2003년
위치	경기도 성남시 분당구
인가 여부	인가
입학 조건	서류전형 후 면접 시험(면접에서는 학생뿐 아니라 학부모 면접까지 포함)
학년 구분	중등부, 고등부
학비	중학교 무료, 고등학교는 연간 160만 원
구성원	중학생 정원 학년별로 60명, 고등학생 정원 학년별로 80명 한 반에 20명가량 배정
졸업생	첫 해 졸업생부터 서울대 진학, 다른 인문계 고등학교와 비슷한 대학 진학 실적.

지혜학교

특징	철학 및 인문학 교육을 중심으로 하는 학교. 일반 교과와 예체능 교과, 인문학 교과를 교육하며, 인문학 교과로는 독서토론, 글쓰기, 한자, 철학, 생태, 라틴어가 있음. 라틴어는 서양철학을 위한 필수 교육 과정.
세부 사항	• 중·고등통합 6년제로, 교육과정은 기초과정 2년, 본과정 3년, 심화과정 1년으로 나뉘며, 점차적으로 철학 및 인문학 교육이 심화되고 진로 탐색 및 진학 특강이 진행됨. 진학반 외에 인문반도 있어, 대학 진학이 목표가 아닌, 철학 인문학 교육을 더욱 심화 있게 배울 수도 있음. • 수업은 토론식으로 이루어지며, 학생들이 직접 발제 및 세미나에 참석해야 하기에 수업 강도가 높음. 학생들은 보통 1년에 20~30권의 책을 읽으며, 5학년(현행 고2) 때 졸업 논문을 쓰게 됨. • 매년 4학년 학생들은 60일 동안 네팔, 인도를 다녀오는 '해외이동학습'을 떠남. 일정 기획부터 실행, 마무리까지 모두 학생들이 직접 담당. • 생태 교육 또한 중시하여, 아이들이 직접 심고 가꾸는 밭을 가꾸며, 바느질 수업을 통해 옷과 관련된 실용기술을 배우고 태풍으로 피해 입은 건물을 학생들의 손으로 리모델링하는 과정도 있음.
개교	2009년
위치	광주광역시 광산구
인가 여부	비인가
입학 조건	학생의 자기소개서 및 학부모 이야기 등의 서류를 구비하여 서류 접수 후, 면접 캠프 진행. 학부모도 면접 캠프에 무조건 참석해야 입학 가능.
학년 구분	중고등통합 6년제(기초과정 2년 / 본과정 3년 / 심화과정 1년) 중학교 검정고시는 4학년(고1) 여름방학, 고등학교 검정고시는 6학년(고3) 1학기 때 실시
학비	입학비 500만 원, 기숙사 포함 월 95만 원가량
구성원	한 학년이 한 반으로, 한 반에 15명가량
졸업생	2017학년도 수능 만점자 배출, 4기 졸업생 기준 대략 90%의 졸업생이 가지각색의 전공으로 대학에 진학함.

대안학교 알아보기

4 푸른숲발도르프학교

특징	독일에서 시작된 발도르프 교육예술을 지향하여 아이의 발달과정에 맞춘 교육 제공. 등수를 위한 점수 매기기로 아이들을 경쟁시키지 않겠다는 의미로 시험과 성적표가 없음. 교과서도 없어 아이들이 직접 바느질을 통해 만든 공책에 수업시간에 배운 내용을 정리하는 식으로 교과서를 만들어감.
세부 사항	• 아침 공부 시간에는 '에포크 수업'이 이뤄지는데, 시 낭송, 노래 부르기, 발성 연습 등의 리듬 수업과 더불어 국어, 수학, 역사, 과학 등의 주요 과목을 집중해서 배우게 됨. • 아이들이 자연에서 놀며 자신의 삶과 문제의 본질에 직접 다가가도록 교육. 3학년부터는 농사 수업, 목공, 수예, 철공 등의 수공업 교육을 받으며 실생활에 가장 필요할 내용을 습득. 9학년부터는 국·영·수·과와 같은 일반적 과목 외에 농사 실습, 측량 실습, 인턴십 등의 활동을 통해 실제 사회 생활도 경험하게 됨.
개교	2003년
위치	경기도 광주시 퇴촌면
인가 여부	비인가
입학 조건	입학원서, 아이소개서와 부모소개서, 내 아이 들여다보기, 아이가 쓰는 자기소개서 등의 서류로 접수 후, 아이 관찰 혹은 체험 수업과 부모 면담을 통해 최종 합격자를 발표.
학년 구분	총 12학년제, 담임과정(1~8학년), 상급과정(9~12학년)
학비	초등 학비 한 학기 240만 원, 7학년 이상은 270만 원
구성원	한 학년당 대략 24명 정도

푸른나무미디어스쿨

특징	서울시립청소년미디어센터에서 운영하는 모바일 게임 개발을 교육하는 학교. 기획, 프로그래밍, 디자인 등의 게임 제작 과정을 배우고 학생이 직접 개발까지 할 수 있게끔 프로젝트 수업 방식으로 교육.
세부 사항	• 학생들은 게임 개발 외에도 '문화예술 프로젝트'에서 사운드 디자인, 영화 제작, 미디어 콘텐츠 제작 등의 프로젝트에 참여하며 촬영 기술, 편집, 영상기획과 같은 교육도 받게 됨. • 인문학과 미디어리터러시의 과정도 포함되어 미디어를 올바르게 읽고 쓰는 법 또한 교육.
개교	2002년
위치	서울시 용산구
인가 여부	비인가
입학 조건	15~19세 학교 밖(자퇴, 미진학) 청소년을 대상으로 함. 상담 신청 및 학생과 학부모의 방문 면담 후, 서류 접수.
학년 구분	2년 4학기제
학비	한 학기 100만 원
구성원	소수 인원(10명 내외)으로 수업 진행
졸업생	대학 미디어영상학과 진학, 카페 창업, 길잡이 교사, 마술사 등 다양한 방향의 진로를 모색함.

국내 외국인학교, 국제학교는 어떤 곳들이 있을까?

　외국인학교는 국내 초중등교육법에 의해 '각종학교'로 분류되며, 각종학교에는 외국인학교와 대안학교 등이 포함된다. 외국인학교는 말 그대로 한국 내 거주하는 외국인을 위한 학교이기에 입학 조건이 까다롭다. 부모 중 적어도 한 명이 외국인이거나 혹은 실제 체류일 기준으로 3년 이상 해외 거주한 사실을 증명할 수 있어야 한다.

　글로벌 교육을 꿈꾸지만 외국인학교 입학 조건을 충족하지 못한 아이들에게는 내국인 입학 제한이 없는 국제학교라는 방안이 있다. 국제학교는 초중등교육법에서 구분되는 학교의 유형에 포함되지 않는, '외국교육기관'으로 외국교육기관 특별법이나 제주 특별법에 의해 설립된 학교다. 외국교육기관이란 주로 외국학교법인이 법에 따라 우리나라에 설립한 분교를 의미한다. 해외 유학을 가지 않고도 국내에서 외국 교육 시스템을 접할 수 있다는 점, 차후에 외국 대학 진학이 훨씬 수월하다는 점 등으로 인해 국제학교를 고려하는 추세가 나날이 갈수록 증가하고 있다.

　이번 세션에서는 국내에 위치한 여러 외국인학교 및 국제학교 중 '서울외국인학교', '채드윅 국제학교', '브랭섬홀 아시아', '한국국제학교 제주캠퍼스', '페이스튼 기독국제학교', 그리고 마지막으로 개교 예정 중에 있는 '프로비던스 코리아'를 소개한다.

서울외국인학교(SFS)

특징	• 세계에서 7번째로 오래된 외국인학교. 초·중·고등과정 외에 영국 커리큘럼까지 제공한다는 것이 특징. 영국 학교에는 주로 유럽 국적의 학생들이 재학 중이며, 본국으로 돌아가서도 학제 및 학점이 다른 것을 방지하기 위함. • 학생 중 77%가 외국인. 학생 비율 중 미국 국적 학생이 51%를 차지함(2018년 9월 기준). • 초등 과정에서부터 필수 기술 과목으로 아이패드와 MAC과 같은 랩탑 컴퓨터의 사용법 등을 1:1 학습으로 배움. • 미국 WASC와 국제학교협회 (CIS) 인정 교육기관으로 미국 교육과정 운영.
구분	각종학교 - 외국인학교
개교	1912년
위치	서울특별시 서대문구 연희동
인가 여부	인가(모든 졸업생은 IB Diploma를 받게 됨, 국내학력은 인증되지 않기에 필요 시 검정고시를 치뤄야 함)
입학 조건	온라인 지원 후 입학 시험과 인터뷰 진행. 지원서, 추천서, 학부모와 학생의 여권 복사본 등의 서류 필요. 학부모 중 한 명이 외국인이어야 함. 학부모 모두 한국인일 경우, 1,095일 이상의 해외 체류 사실을 증명할 수 있어야 함.
학년도 개학 및 종업	매 학년 8월 중순에 시작, 다음 해 6월 중순에 종업
교육 프로그램	IB (International Baccalaureate) 프로그램, English National Curriculum
학년 구분	• 유초등부 Pre-K 2(Pre-Kinder 2)~5학년 • 중등부 6~8학년 • 고등부 9~12학년
학비	1년 학비 대략 4,000만 원(고등부 기준)
구성원	전체 학생 수 1,420명(2018년 9월 기준) 학급당 평균 학생 수 15.4명, 교사 대 학생 비율 1:10
졸업생	하버드 대학, UCLA, 코넬 대학, 미시간 대학, UC 버클리, 브라운 대학, 킹스칼리지 런던 대학, 브리스톨 대학, 케임브리지 대학, 카네기멜론 대학 등 매년 세계 명문대 진학함.

채드윅 국제학교

국제학교
알아보기
2

특징	• 수도권, 인천 송도에 위치. 최고 수준의 캠퍼스 시설(스쿠버다이빙 시설, 암벽 등반 시설부터 대극장, FIFA 인증 인조잔디구장, 댄스스튜디오 등 다양한 교내 예체능 시설 구비). 한국에서 개최되는 세계대회의 주 개최지로 다수 선정되어 본교생들에게도 많은 기회 제공. • 대략 50개 국적의 학생이 재학 중이며, 해외 학교와의 교류뿐 아니라 글로벌 이슈 회의, 라운지스퀘어 국제 회의 등의 국제 교류가 굉장히 활발함. 본교(미국 캘리포니아의 채드윅 스쿨) 학생들과 비디오 통신으로 회의 및 공동 수업 진행 및 본교와 교환학생 프로그램 진행. • 학생들은 파트너십을 맺은 유타대학의 Film and Media arts, 조지 메이슨 대학의 Computer Game Design 학과 수업 수강 가능. • 미국 WASC 인정 교육기관으로 미국 교육과정 운영.
구분	외국교육기관 - 국제학교
본교	미국 캘리포니아 채드윅 스쿨
개교	2010년 9월
위치	인천 연수구 송도동
인가 여부	인가(모든 졸업생은 IB Diploma를 받게 됨, 이 외에 국내학력 인증도 원하는 학생은 별도로 국내학력 인증 프로그램 이수 시 가능)
입학 조건	홈페이지에서 온라인 접수 후, 입학 시험(내국인의 경우 연 1회 지원, 외국인의 경우 수시 지원 가능)
학년도 개학 및 종업	매 학년 8월 중순에 시작, 다음 해 6월 중순에 종업
교육 프로그램	IB(International Baccalaureate) 프로그램
학년 구분	• 유치부 PK(Pre Kinder)~K(Kinder) • 초등부 1~5학년 • 중등부 6~8학년 • 고등부 9~12학년
학비	1년 학비 대략 4,000만 원(고등부 기준)
학생 수 및 학급 규모	정원 2,080명, 내국인은 정원의 40% 입학 가능 2019년 기준 학생 수 1,248명(외국인 457명, 내국인 791명) 한 반 20명 이내, 교사 대 학생 비율 1:8
졸업생	2017년 첫 하버드 대학 입학생 배출. 하버드 대학, 카네기멜론 대학, 컬럼비아 대학, 존스홉킨스 대학, 뉴욕 대학, 임페리얼 칼리지 런던, 퍼듀 대학, UC버클리 대학 등 세계 명문대 진학함(2020년 기준).

브랜섬홀 아시아

특징	• 국내 유일 여자국제학교로, 여성에 초점을 맞춘 전문 교육 진행. 여성 글로벌 리더 배출을 목표로 함(남학생은 주니어스쿨 졸업-5학년-까지 다닐 수 있음). 여성 리더를 위한 학생 위원회와 같은 학생 대표단 시스템이 잘 마련되어있음. • 여학생이 이공계 분야를 쉽게 이해 및 진출할 수 있도록 체험학습을 통한 교육 제공 및 특별 센터(STEM-V : 과학/기술/공학/수학/시각예술) 보유. • 유치부부터 필수적으로 테크놀로지 교육 진행. 로보틱스, 프로그래밍은 물론 3D 프린터, 고급 CAD/CAM, 레이저 커팅기 등을 사용한 제품 디자인 및 디지털 디자인 등을 배우게 됨. • 9학년 재학생을 대상으로 본교(캐나다 Branksome Hall)와 한 달 교환학생 프로그램 진행. • 미국 WASC 인정 교육기관으로 미국 교육과정 운영.
구분	외국교육기관 - 국제학교
본교	캐나다 Branksome Hall
개교	2012년 10월
위치	제주특별자치도 서귀포시 대정읍
인가 여부	인가 (IB Diploma와 국내 학위 제공)
입학 조건	홈페이지에서 온라인 접수 후, 입학 시험
학년도 개학 및 종업	매 학년 8월 중순에 시작, 다음 해 6월 중순에 종업
교육 프로그램	IB(International Baccalaureate) 프로그램
학년 구분	• 유치부 JK(Junior Kinder) Prep ~ SK(Senior Kinder) • 초등부 1학년 ~ 5학년 • 중고등부 6학년 ~ 12학년
학비	1년 학비 대략 3,200 만 원(고등부 기준)
학생 수 및 학급 규모	정원 대략 1,200명 한 반 20명 이내, 교사 대 학생 비율 1:7
졸업생	졸업반 학생 81명의 평균 IB 점수 35점(세계 평균 = 29.6), 졸업반 학생 95% QS 세계 100 대학과 프로그램으로부터 입학을 제안받음(2019년 기준). 매년 예일 대학, 브라운 대학, 코넬 대학, 케임브리지 대학, 킹스칼리지 대학, 버밍엄 대학, UC 버클리, 일리노이 공대 등의 세계 명문대학에 진학함.

국제학교
알아보기
3

한국국제학교 제주캠퍼스(KISJ)

특징	• 한국 최초의 공사립 국제학교. 초중학교는 공립, 고등학교는 사립. 제주도 고교 내에 최초로 AP 캡스톤 프로그램 도입. • 매년 견학 여행 및 봉사 프로그램 진행. 해외 봉사 및 야시장, 관광지 구경 등의 여행 기회 제공. 이 외에도 매년 학술 목적으로 경주, 서울, 부산 등의 지역으로 Field trip을 감. • 팀워크와 네트워크 형성을 중시, 학교 축제와 같은 활동을 위해 학생들이 팀으로 모여 준비하는 장기자랑이나 공연 등도 수행평가로 평가받게 됨. • 자매학교로 한국외국인학교가 판교와 개포에 있음(약자는 똑같이 KIS이나, 이 두 학교는 국제학교가 아닌 외국인학교). • 미국 WASC 인정 교육기관으로 미국 교육과정 운영.
구분	외국교육기관 - 국제학교
학교 법인	YBM
개교	2011년 9월
위치	제주특별자치도 서귀포시 대정읍
인가 여부	인가(미국 학위와 국내 학위 제공, 단 국내 학위를 받기 위해선 국어와 한국사를 필수 신청해야 함)
입학 조건	서류 접수 후, 필기 및 면접 전형
학년도 개학 및 종업	매 학년 8월 중순에 시작, 다음 해 6월 중순에 종업
교육 프로그램	AP 캡스톤 프로그램
학년 구분	• 유치부 JK(Junior Kinder) ~ K(Kinder) • 초등부 1학년 ~ 5학년 • 중등부 6학년 ~ 8학년 • 고등부 9학년 ~ 12학년
학비	1년 학비 대략 3,200만 원(고등부 기준)
학생 수 및 학급 규모	학생 수 대략 1,022명 교사 대 학생 비율 1:7(교사 50% 이상이 석사 학위자)
졸업생	코넬 대학, 존스홉킨스 대학, 노스웨스턴 대학, 미시건 대학, 뉴욕 대학, 조지아공대, UCLA, UC 버클리 등 세계 명문 대학에 진학함.

페이스튼 기독국제학교

특징	• 수도권(경기도 용인시) 위치, 상대적으로 저렴한 학비의 국제학교. 탈북 청소년과 같은 사회적 소외계층도 입학생으로 받아들이며, 다양한 장학금 혜택이 있음. • UC버클리 박사 출신, 서울대, 연세대 박사 출신, 컬럼비아대 석사 출신, 버클리 음대 석사 출신 등의 최고 수준 교사진 보유. • 계절마다 여행을 가는 프로그램이 교육 과정 중 하나로, 비전 여행, 대륙 횡단 여행, 축제, 아프리카 여행, 해외 봉사 등을 통해 학생들에게 다양한 경험 제공. • 주 1회, 7주 과정의 학부모 교육 진행. 교사, 학생, 학부모의 직접적 소통을 통해 탈권위적 분위기 조성. • MSA CESS 미국 중부 교육청으로부터 인가받은 미국 학력 인증 학교.
구분	외국교육기관 - 국제학교
개교	2010년
위치	용인시 수지구 동천동
인가 여부	비인가(미국 학력이 인증되기에 미국 및 독일, 싱가포르 등 다른 나라의 대학 진학 가능, 그러나 국내 대학 진학을 희망하는 경우 검정고시 필요)
입학 조건	영어 시험과 감성지수(Emotional Quality) 테스트, 학생 면접, 학부모 면접 진행
교육 프로그램	AP 프로그램 개설, 성적 우수 학생에게 제공
학년 구분	• 유치부 Pre K(Pre Kinder)~K(Kinder) • 초등부 1~5학년 • 중등부 6~8학년 • 고등부 9~12학년
학비	1년 학비 대략 2,400 만 원 (중등부 기준)
학생 수 및 학급 규모	학생 수 대략 500명, 교직원 108명 한 반 17명 이내
졸업생	버클리 음대, UCLA, 미시건 대학, 워싱턴 세인트루이스 대학, 조지워싱턴 대학, 퍼듀 공대, 버지니아 공대 등의 세계 명문 대학 및 고려대, 이화여대 등 한국 상위권 대학에 진학함(2020년 졸업생 기준).

국제학교
알아보기
5

프로비던스 코리아

특징	미국 <뉴스위크(Newsweek)>에서 인증한 미국 내 최고 수준의 스템 (STEM) 프로그램을 한국 캠퍼스에 도입. 디자인 소프트웨어, 로봇공학, 3D 프린팅 등 다채로운 기술 수업들을 프로젝트 형식으로 진행. 직접 로봇 프로그래밍하고 DNA 샘플 등을 분석하며 습득한 기술을 활용하여 우리가 당면하고 있는 실제 문제들을 직접 해결.
구분	외국교육기관 - 국제학교
본교	미국 애틀랜타 프로비던스 크리스천 아카데미
개교	2020년 8월 개교, 2021년 1학년부터 등록 가능
위치	서울 강남
인가 여부	비인가(그러나 서울 분교뿐 아니라 미국 본교의 졸업장까지 받을 수 있음. 미국 학교의 졸업장이 있는 경우, 검정고시 없이 국내 학교 수시 지원 가능)
학년 구분	첫 해(2020년)에는 6학년부터 9학년 학생 입학 2021년도에 고등과정 개설 예정, 2021년도부터 10~12학년 학생까지 등록 가능

실리콘밸리식 대안학교의 공통점은?

맞춤형 교육에 주목하라

새로운 시대는 새로운 인재를 요구한다. 1·2차 산업혁명을 거쳐 고착화된 일방적 강의 중심의 '집합식 교육'은 산업 인력을 대량으로 육성하는 당시의 교육 목적에는 부합했지만, 창의적 인재를 요구하는 21세기 교육으로는 적합하지 않다.

100년이란 세월이 흘렀고 눈부신 기술의 발전을 이루었지만 아이러니하게도 교육 시스템은 그대로다. 1명의 교사가 공통의 커리큘럼으로 학습 수준이 다른 여러 명의 학생을 동시에 가르치는 집합식 교육은 낙오자가 발생할 확률이 매우 높다. 낙오된 학생들은 결국 배움을 포기하거나 사교육에 전적으로 의지하게 된다. 악순환이 반복되는 것이다.

▶▷ 실리콘밸리에서 새로운 교육 프로젝트가 진행 중이다

교육 혁신이 필요하다. 초지능, 초연결 사회로 대변되는 디지털 시대에 맞는 교육 방법이 필요하다. 미국 실리콘밸리에서는 굴지의 IT 기업들을 중심으로 이미 새로운 교육 프로젝트가 진행 중이다. 이 프로그램들의 공통점은 디지털 기반의 '맞춤형 교육'이다.

칠판 앞에서 지식을 일방적으로 전달하는 교사의 모습은 보기 어렵다. 공통의 커리큘럼이 있지 않고 학생 개개인의 수준과 관심사를 반영한 수업이 진행된다. 이곳에서 교사의 역할은 인스트럭터(instructor)보다 퍼실리테이터(facilitator)에 가까운데, 그들은 학생들의 학습 동기를 유발할 수 있는 질문과 과제를 던지고, 학생들이 스스로 답을 찾을 수 있도록 유도한다.

대표적인 예로는 대안형 공립학교인 서밋스쿨(Summit school)이 있다. 페이스북의 전폭적인 투자를 받고 있는 서밋스쿨은 '1인 맞춤형 온라인 교육 플랫폼' 운영으로 개인에게 최적화된 학습 프로그램을 제공하고 있다.

주목할 점은 학생들의 하루 일과가 국·영·수 등의 교과목이 아닌 프로젝트 및 자습 형태의 '개인화 수업'으로 진행된다는 것이다. 학기당 2주씩은 학습에서 벗어나 경영·미디어·예술·기술 등 각자 선택한 분야의 특별 활동에 몰입할 수 있다.

스티브 잡스 스쿨(Steve Jobs school) 역시 마찬가지다. 초등학생을 대상으로 2013년 네덜란드에 처음 세워진 이 학교는, 똑같은 나이의 학생들이 아니라 다양한 연령대의 아이들로 반이 구성되어 제각각 개인화된 수업을 받을 수 있다. 학생들은 자율적으로 수업을 선택할 수 있고, 교사는 학생의 흥미와 적성을 반영해 6주마다 개인별 교육 계획안을 제공한다. 또한 모든 학생에게는 코치가 배정되어 배움이 필요한 순간마다 적절한 전문 교사를 연결해준다.

학생들은 저마다 다른 재능을 가지고 태어난다. 그럼에도 불구하고 대한민국 교육은 늘 똑같은 교육을, 똑같은 시간에, 똑같은 방식으로 제공하는 'One Size Fits All' 교육 시스템을 고수하고 있다.

다가오는 4차 산업혁명 시대에는 새로운 교육 방법이 필요하다. 맞춤형 교육의 경우 학생들 스스로 설정한 계획과 진도로 학습이 진행되기 때문에 다른 학생과 비교할 이유가 없다. 성적 스트레스는 사라지고, 낙오자 역시 줄어든다.

실리콘밸리에서 진행되고 있는 이러한 교육 실험은 국내에도 많은 시사점을 제공한다. 빌 게이츠 마이크로소프트 창업자도 자신의 블로그인 게이츠 노트를 통해 서밋스쿨의 교육 시스템을 극찬했다. 미국의 대표적인 교육 액셀러레이터인 린 론치(Learn Launch)의 창립자 진 해먼드(Jean Hammond) 역시 향후 교육계의 핵심 키워드로 맞춤형 교육(Personalized Learning)을 꼽았다.

기술적 한계가 있었던 과거에는 이런 측면을 인지하고도 마땅한 대안이 없어 기존의 집합식 교육을 개선해 나가는 수준에 그쳤다. 하지만 지금은 다르다. 비약적인 발전을 이룬 빅데이터·인공지능 기술을 통해 더 많은 학생들에게 맞춤형 교육을 제공할 수 있다. 물론 기술적, 제도적으로 보완해나가야 할 부분은 있지만, 가능성은 충분하다.

마이크로 칼리지란 무얼까?
대학 교육의 새로운 패러다임

"2030년 세계 대학의 절반가량이 문을 닫는다."

세계적인 미래학자 토마스 프레이의 말이다. 그는 대학 기관들이 빠른 속도로 경쟁력을 잃어갈 것이라 예측하며 전통적 대학 교육의 몰락을 주장했다. 실제 미국의 경우 대학 졸업생 중 30만 명 이상이 최저 임금을 받는 일자리에서 근무하고 있고, 대한민국 역시 올해 8월 기준 대졸 실업자들의 수가 50만 명에 육박했다.

높아지고 있는 대학 등록금 또한 문제다. 미 전국 대학의 등록금은 지난 26년간 무려 400%나 올랐으며, 학자금 대출총액은 이미 1조 달러를 돌파했다. 세계적으로 진행되고 있는 학령 인구의 감소까지 고려한다면 전통적인 대학의 몰락을 주장하는 프레이의 의견에 더욱더 힘이 실린다.

▶▷ 4차 산업혁명 시대에 교육의 스피드는?

필자가 생각하는 전통적 대학의 가장 큰 문제점 중 하나는 바로 '교육의 스피드'다. 과거 산업화 시대에는 상대적으로 변화의 속도가 느렸기 때문에 4년 과정으로도 사회가 요구하는 인재를 배출할 수 있었으나, 4차 산업혁명 시대에는 어림없는 이야기다. 지식의 반감기가 급격하게 짧아짐에 따라 4년제 대학이 산업의 수요를 따라가지 못하고 있다. 1, 2학년 때 배웠던 지식들은 졸업하는 순간 이미 진부한 지식으로 전락해버린다.

이런 약점을 파고든 것이 바로 3개월 단위의 '마이크로칼리지(Micro College)' 과정이다. 대표적인 예로 다빈치 연구소의 '다빈치 코더스(Davinci Coders)'를 들 수 있다. 앞에서 언급한 토마스 프레이가 2012년에 설립한 이 학교는 데이터 분석, 게임 전문가, 웹 디자인 등 철저하게 직업과 연계된 12주짜리 과정을 제공한다. 이 프로그램을 졸업한 학생들의 75%가 성공적인 개발자 커리어를 만들어가고 있으며, 프로그램 후 급여 상승을 경험한 졸업생들의 비율은 44%에 이른다.

또 다른 사례로는 미국 내에서 창업 사관학교로 불리는 '싱귤래러티 대학(Singularity University)'을 들 수 있다. 싱귤래러티 대학은 제2의 에디슨이라 불리는 괴짜 발명가 레이 커즈와일 박사가 설립한 곳으로, 정식 4년제 학교가 아닌 10주간의 집중 교육 코스를 제공한다. 이 기간에 학생들은 미래학, 컴퓨터, 바이오, 금융, 법률 등 10개

과목의 수업을 듣고, 실리콘밸리의 CEO와 투자자들 앞에서 창업 계획안을 발표한다. 이들의 사업 계획서는 당장 창업이 가능할 정도로 구체적이며, 이 과정을 통해 창업에 성공한 사례도 상당수 있는 것으로 알려져있다. 이 대학의 입학 경쟁률은 300대 1에 육박할 정도로 매우 인기가 높다.

이 같은 마이크로 디그리(Micro Degree) 기반의 대안학교의 가장 핵심적인 포인트는 철저히 수요자 중심이라는 것이다. 일반적인 대학과 달리 '이론'과 '원리'라는 프레임에서 벗어나 학생들과 기업이 필요로 하는 교육을 단기간에 효율적으로 제공한다. 한마디로 군더더기가 없다. 세계적인 글로벌 기업들도 이러한 변화의 흐름에 동참하고 있다. AT&T, 구글, 페이스북, 세일즈포스 등에서 해당 프로그램을 졸업한 학생들에게 채용 기회를 늘리는 추세다.

대학이 사라지는 일은 없겠지만, 몇 백 년간 이어져왔던 전통적인 대학 교육의 체제는 분명 무너질 것이다. 마이크로 칼리지와 같은 새로운 대학 교육의 패러다임이 등장할 것이며, 그 변화는 생각보다 더 빨리 다가올 것이다.

지금까지는 그나마 대학교 졸업장이 좋은 일자리를 보장할 것이라는 막연한 믿음이라도 있었지만, 이제는 그마저도 조금씩 무너지고 있다. 전통적인 대학교의 충성스러운 소비자들도 이제는 마이크로 칼리지와 같은 대안학교에 더 많은 관심을 가질 필요가 있다.

PART 4

영어, 수학 잘하는
아이들이 여전히 유리하다

디지털 시대에도
영어는 중요하다
여전히 영어 공부를 해야 하는 이유

올해 미국 증시 시가총액 톱 5에 이름을 올린 기업들은 애플, 알파벳, 마이크로소프트, 아마존, 페이스북 등 모두 글로벌 소프트웨어 회사들이다. 대한민국도 마찬가지다. 삼성전자, SK하이닉스, 네이버 등 테크 기업들이 1~5위를 차지했다. 최근 코로나19 바이러스의 여파로 주춤하고 있지만, 이들의 핵심 가치는 변하지 않았으며 시장 내 입지는 여전히 확고하다.

두말하면 입 아프다. 바야흐로 디지털 시대다. 그런데 여기에는 재미있는 사실이 하나 있다. 이 회사들 모두 공통적으로 '영어 커뮤니케이션 능력'을 요구한다. 외국계 기업은 말할 것도 없고, 국내 기업 입사를 위해서는 영어 성적은 필수다.

▶▷ 왜 영어는 여전히 중요할까?

세상이 바뀌어도 왜 영어는 여전히 중요한가?

첫째, 영어를 통해 얻을 수 있는 정보의 양이 한국어보다 압도적으로 많다.

전 세계에는 약 7,000여 개의 언어가 존재하지만, 2020년을 기준으로 인터넷에 있는 정보의 59.3%는 영어로 이뤄져있다. 한국어

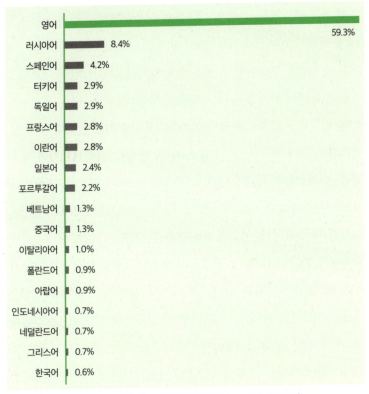

인터넷상에서 사용되는 언어별 비율(출처: Internet World Stats)

로 된 정보는 0.6%에 불과하다. 인터넷이라는 매개체를 통해 우리는 '정보의 홍수' 시대에 살고 있지만, 영어를 못하면 이런 혜택을 충분히 누리기 어렵다. (참고로 인터넷을 사용하는 인구 중 중국인이 차지하는 비중은 무려 19.3%지만, 인터넷상의 언어 중 약 1.3% 정도만 중국어다.)

프로그래밍을 할 때도 마찬가지다. 컴퓨터 언어는 대부분 영어로 되어있다. 중급·고급 개발자로 성장하기 위해서는 깃허브(Github) 와 같은 커뮤니티를 통해 다른 개발자들과 코드를 리뷰하고 공유하는 과정이 필요한데, 이때도 대부분의 커뮤니케이션은 영어로 진행된다. 개발자 컨퍼런스, 워크숍, 소그룹 스터디에도 예외는 없다. 영어를 하는 사람이 습득할 수 있는 정보의 양과 질은 차원이 다르다.

둘째, 디지털 경제는 영어권 국가를 중심으로 움직인다.

중국이 빠르게 부상하고 있지만 세계는 여전히 영미권 국가들이 주도하고 있다. 특히 앞서 언급한 애플, 알파벳, 마이크로소프트, 아마존, 페이스북과 같은 기업들이 탄생한 곳은 미국이다. 예일 대학교, 하버드 대학교, MIT, 스탠퍼드 대학교 등 최고의 교육기관들도 대부분 미국에 있다. 이곳에서 시장을 선도하는 기술과 논문들이 쏟아져 나온다. 즉 디지털 트렌드를 빠르게 캐치하기 위해서는 영어 공부가 선택이 아닌 필수라는 뜻이다.

요즘 미국 실리콘밸리는 인도 출신 인사들이 두각을 드러내고 있다. 사티아 나델라(Satya Nadella) 마이크로소프트 최고경영자, 순다르 피차이(Sundar Pichai) 구글 최고경영자, 샨타누 나라옌(Shantanu Narayen) 어도비 최고경영자 등이 인도 출신 CEO다.

약 2,000여 개의 방언이 존재하는 인도에서는 공식 문서를 작성할 때와 행사를 진행할 때 반드시 영어를 사용한다. 유창한 언어 실력 덕분에 인도인들은 더 쉽게 미국 사회에 녹아들 수 있었다. 이들은 미국 IT 기업들의 관리자, 개발자, 임원 등으로 골고루 분포하며 업계의 중심축 역할을 맡고 있다.

필자는 한국인들이 인도인들에 비해 전혀 뒤처지지 않는다고 생각한다. 다만 다수의 한국인들에게 영어로 소통하는 것은 여전히 어렵다. 뛰어난 역량을 가지고 있지만 영어 커뮤니케이션 스킬이 부족해 '국내용'으로만 남는 사례가 많다.

대한민국의 인재들도 어린 시절부터 '영어'와 '기술'이라는 두 가지 키워드를 체계적으로 준비한다면 세계 무대에 충분히 도전할 수 있다. 영어는 결국 도구다. 도구를 잘 사용하면 우리는 더 편리하고 효율적인 삶을 살 수 있다.

김우중 전 대우그룹 회장의 자서전인《세계는 넓고 할 일은 많다》는 참 멋지고 공감되는 책 제목이다. 필자는 여기에 다음과 같은 디테일을 추가해보고자 한다.

"세계는 넓고 할 일은 많다. 근데 영어를 할 줄 알면 더더더 많다."

상위 0.1% 학생들의 비밀은?
영재들의 영어 공부법

잘난 척으로 시작해야 할 것 같다. 독자분들의 양해를 먼저 구한다. 필자는 공부를 꽤 잘했다. 미국 최초의 사립 기숙 학교인 거버너더머 고등학교(Governor Dummer Academy)를 수석 졸업했고, 미국 명문 대학교에서 학위를 받았다. 이후 운 좋게도 최고의 회사들과 함께하면서 흔히 말하는 '엄친아'의 길을 밟아왔다. 그러다 보니 주변 지인들로부터 "어떻게 하면 공부를 잘하냐?"라는 질문을 많이 들었다.

참 어려운 질문이었다. 답변을 하려면 늘 말이 길어졌다. 나한테 맞는 공부법을 잘 찾아서 꾸준히 실천했을 뿐이다. 하지만 돌이켜 생각해보니 답은 매우 단순했다. '나한테 맞는 공부법'을 찾는 것이다.

▶▷ '나한테 맞는 공부법'이란?

교육학적인 단어로 표현하면 필자는 메타인지(metacognition)가 높았다. '메타인지'는 1970년대 발달심리학자인 존 플라벨에 의해 만들어진 용어로, '자신을 객관화하여 볼 수 있는 능력' 혹은 '본인이 잘하는 것과 못하는 것을 구분하는 능력' 정도로 해석할 수 있다.

예를 들어보자. 필자는 영어 단어 암기에 약했다. 문법과 같이 반복적인 패턴을 파악하는 역량은 뛰어났지만, 단어를 하나하나 외우는 것은 상당히 어려웠다. 다행스러운 점은 이런 자신의 강점과 약점을 빠르게 인지했다는 것이다. 그래서 이에 맞춰 새로운 공부법을 고안했다. 각각의 단어 속에서 패턴을 찾았다. 예컨대, 're'라는 접두사는 '반복'이라는 뜻을 가진 경우가 많았고 'less'라는 접미사가 붙으면 '~이 없는'을 뜻하는 경우가 대부분이었다.

이런 방법도 통하지 않으면 한글과 영어를 연결시켜버렸다. 'Capricious'는 변덕스럽다는 뜻인데 이를 '미국 배우 (레오나르도) 디카프리오는 변덕스러워스'라고 풀고, 다시 '디카프리오는 변덕스러워스'로 줄이고, 다시 '카프리셔스는 변덕스러워'라는 식으로 종결하여 나름의 패턴을 만들었다. 더불어 영어 단어들을 그룹핑 (grouping) 했다. 긍정적인 단어와 부정적인 단어들을 구분해서 모아봤다. 좋은 뜻인지 나쁜 뜻인지만 알아도 독해할 때 큰 도움이 된다는 것을 파악했기 때문이다.

앞의 방법이 늘 옳다는 뜻이 아니다. 패턴 인식에 약한 친구들은 필자가 사용한 방법이 도움이 안 될 수도 있다. 핵심은 내가 잘하는 것과 못하는 것을 구분하고, 그에 맞는 나만의 학습법을 찾으라는 것이다.

이는 EBS에서 진행한 테스트 결과와도 일맥 상통한다. 해당 실험에서는 수능 상위 0.1%의 고등학생과 일반 고등학생들을 대상으로 기억력을 테스트했다. 연구팀은 두 집단의 학생들에게 연관성이 없는 단어 25개를 주고 각 단어당 3초씩 듣고 외우게 한 후 3분 동안 기억나는 단어를 모두 쓰게 했다. 결과는 예상 밖이었다.

일반 학생들과 상위 0.1% 학생들 모두 평균 8개 내외를 기록하며 기억력 자체에서는 유의미한 차이를 보이지 않았다. 하지만 재미있는 사실은, 상위 0.1%의 학생들은 90% 이상이 본인들이 몇 개의 단어를 기억할 수 있는지를 정확하게 맞춘 반면, 일반 학생들 중 자신이 몇 개를 쓸 수 있는지 정확하게 답변한 학생은 한 명도 없었다는 것이다.

"Gnothi Seauton."

너 자신을 알아라. 그리스 델포이 신전 현관 기둥에 새겨진 글이다. 공자는 "아는 것을 안다 하고 모르는 것을 모른다고 하는 것이 진정한 앎이다"라고 말했다. 서양과 동양의 위대한 철학자들은 공부법에 대한 핵심을 이해하고 있었다. 나 자신을 정확하게 파악하는 것. 간단해 보이지만 다수가 실천하지 못하고 있는 상위 1%의 비밀이다. 나를 먼저 알고 나에게 맞는 학습법을 찾아보자.

작은 시도가 큰 변화를 가져올 수 있다.

03

정신력은
교육의 만병통치약이 아니다
나에게 맞는 교육 방법과 도구가 뭘까?

영어 공부는 한국인들에게 평생 숙제가 된 듯하다. 환갑이 지난 필자
의 부모님도 서점에 가시면 영어 서적 관련 코너에서 상당한 시간을
보낸다. 안타까운 점은 이런 노력에도 불구하고 초급자 과정을 벗어
나지 못한다는 것이다.

이는 비단 필자의 부모님만의 이야기가 아니다. 교보문고, 영풍문
고 등 대형 서점에 비치된 대부분의 영어책들은 초급자들을 타겟팅
으로 한다. 학원가도 다를 바 없다. 강남역 근처의 A 어학원의 경우,
영어·중국어 초급자 과정은 늘 인산인해를 이루지만 중·고급자 과
정을 듣는 인원은 초급자 과정만 못하다.

▶▷ 왜 영어 · 중국어 초급자 과정에서 벗어나지 못할까?

왜 이런 현상이 발생하는 것일까? 대부분의 교육자들은 학습자들의 '마음가짐'을 지적한다. 의지, 즉 정신력이 부족해서 중간에 포기한다는 것이다.

하지만 필자의 생각은 다르다. 가장 큰 문제점은 '교육 방법(Teaching Method)'과 '교육 도구(Education Tools)'에 있다. 학습 의지와 효율성을 올려줄 수 있는 '환경'이 조성되어있지 않다는 뜻이다. 그렇다면 이 같은 문제점들을 개선시키기 위해서는 무엇이 필요할까?

첫째, 교육에 '게임적 요소'를 더하자. 다수의 학생들은 공부를 재미없어 한다. 재미가 없으니 내용 전달이 안 된다. 소통이 효율적으로 이루어지지 않기 때문에 학생들은 공부가 어렵게 느껴진다. 어려움은 결국 포기로 이어진다. 악순환의 반복이다.

이 같은 현상은 나이를 불문하고 나타난다. 교육을 통해 원하는 바를 얻기 위해서는 무엇보다 재미와 몰입이 먼저 이루어져야 한다. 그리고 게임은 학습자의 몰입을 유도하기에 더없이 훌륭한 교육용 도구다. 게임의 교육적 효과는 다양한 연구 결과를 통해 증명되고 있다. 콘텐츠 경영 연구소가 국내 및 해외 소재 학교를 대상으로 진행한 연구 조사에 따르면, 수업에 게임을 적용했을 때 학습 효과가 30~50%가량 높아졌다. 영어, 수학, 코딩 등 과목별 특성을 가리지 않고 학습도가 높아졌는데, 이 또한 주목할 만한 포인트다.

미국 카우프만 재단도 유사한 연구 결과를 발표했다. 보고서에 따르면 평점이 높은 강사가 제공하는 강의는 학습 효과를 17% 증가시켰지만, 게임 방식으로 바꾼 강의는 학습 효과가 108%나 증가했다.

필자의 경우 영어 단어를 공부할 때 '스크래블(Scrabble)'이라는 게임을 활용했다. 미국에서 만들어진 보드게임인데, 알파벳이 새겨진 타일을 보드 위에 가로나 세로로 단어를 만들어내면 점수를 얻게 되는 방식의 게임이다. 원어민 친구들과 스크래블 게임을 하다 보면 평소에 모르던 단어들을 제법 볼 수 있다. 더불어 내가 알고 있는 단어를 사용하면서 습득한 지식을 복습하는 효과도 있다. 모든 연령대가 즐겨 할 수 있는 게임이지만, 특히 영어를 처음 배우는 초등학생 친구들에게 매우 유용한 게임 기반 교육 방식이다.

둘째, 에듀테크('교육 Education'과 '기술 Technology'의 합성어)를 적극적으로 활용해야 한다. 기술의 급속한 변화 속에서도 우리나라 교육은 전통적인 방식을 벗어나지 못하고 있다. 학생들은 각자 다른 재능을 가지고 태어나는데도 대한민국은 늘 똑같은 교육을, 똑같은 스타일로 제공하는 'One Size Fits All' 교육 시스템을 고수하고 있다.

에듀테크의 가장 큰 장점은 빅데이터, 인공지능과 4차 산업혁명의 핵심 기술들을 교육과 연결해 최상의 '맞춤형' 교육을 제공할 수 있도록 한다는 것이다. 예컨대 외국어 공부를 할 때 단어를 읽으면 즉각적으로 발음에 대한 피드백을 얻을 수 있고, 스마트폰 카메라로 문제를 찍어서 올리면 학습자에게 필요한 답변이 실시간으로 제공

된다.

빅데이터를 통해 학습 상태에 대한 개별적인 분석도 가능하다. 예를 들어, 유사한 역량 및 특징(characteristic)을 가진 다른 학습자들 80% 이상이 맞춘 문제를 틀렸다면 '조금 더 공부하면 풀 수 있는 문제'로 구분하고, 동일한 학습자들이 평균 30초 동안 푸는 문제를 1~2초 안에 풀었다면 '운이 좋은 케이스'로 구별할 수 있다. 이 같은 방법으로 에듀테크는 인공지능을 통해 학습자들의 데이터를 분석한 뒤 맞춤형 콘텐츠를 제공함으로써 교육 효과를 높인다.

'하면 된다', '정신은 육체를 지배한다' 등 고전적인 카운셀링은 이제 식상하다.

슈퍼맨급 스타강사에 의존하는 교육도 한계가 있다. 디지털 기술의 급진적인 발전은 교육산업이 발전할 수 있는 둘도 없는 좋은 기회다. 실제 미래학 분야에서 세계 최고의 석학이라 불리는 토마스 프레이는 "2030년 지구상에서 가장 큰 인터넷 기업은 교육 관련 기업이 될 것이다"라고 주장했다. 필자가 솔루션으로 제시한 게임과 에듀테크가 만병통치약은 아니겠지만 변화를 위한 시발점이 될 수는 있다.

좋은 콘텐츠만 만들어주면 학습하는 것은 소비자들의 몫이라는 관념은 변해야 한다. 학습 의지를 높일 수 있는 올바른 '방법'과 '도구'를 제공하는 것, 이 역시 교육자의 중요한 의무 중 하나다.

인공지능은 수학에서 시작된다
여전히 수학 공부를 해야 하는 이유

중국 최고의 거부 중 한 명이자 알리바바의 창업주인 마윈은 "데이터는 21세기의 원유다"라고 말했다. 그는 좀 더 많은 데이터를 얼마나 빠르게 처리해 가치를 창출해내느냐가 기업 존폐의 관건이 될 것이라고 이야기하며, 미래 핵심 산업 분야로 여러 차례 '빅데이터'를 꼽았다. 소프트뱅크 손정의 회장도 데이터 사이언스를 기반으로 하는 인공지능(AI)의 중요성을 강조했다. 그는 최근 문재인 대통령을 만나 "첫째도 AI, 둘째도 AI, 셋째도 AI"라고 발언한 바 있다.

데이터가 새로운 시대에 중요한 키워드임은 부정할 수 없는 사실이다. 교육의 관점에서는 어떠할까? 우리 아이들이 데이터 시대의 기회를 포착하기 위해서는 어떤 준비를 해야 하는 것일까?

▶▷ 인공지능 시대에 왜 수학을 잘해야 할까?

여러 요소들이 있겠지만 그중 하나는 분명 수학(mathematics)이어야 할 것이다. 이유는 다음과 같다.

첫째, 데이터가 많다는 것 자체는 아무런 쓸모가 없다. 필요한 '목적'에 따라 데이터를 활용하여 인사이트를 도출 할 수 있을 때 비로소 데이터에 '의미'가 부여된다.

수학·통계학은 이런 데이터에 '의미'를 부여한다. 특히 통계학은 다량의 데이터를 관찰하고 정리 및 분석을 하는 방법을 연구하는 수학의 한 분야인 만큼, 데이터를 가공하고 활용하는 데 큰 도움이 된다. 데이터 사이언스는 수학·통계학을 통해 수많은 데이터들 속에서 특정한 패턴을 찾아낸다. 각각의 패턴은 특정한 분포와 확률을 가지고 있다. 이러한 패턴의 분류는 우리가 풀고 싶은 문제에 대한 단서를 제공한다.

한때 범국민적인 관심이 집중된 알파고 역시 방대한 양의 바둑 데이터를 기반으로 만들어진 AI인데, 알파고의 핵심 기술인 딥러닝(deep learning) 역시 인공신경망이라는 오래된 수학적 모델, 통계 기법을 기반으로 한다.

시카고에서 알고리즘 기반 퀀트 트레이더로 일하다 현재 뉴욕에서 데이터 사이언티스트로 근무 중인 필자의 지인은 경력이 벌써 10년차이지만 아직까지도 수학 공부를 게을리하지 않는다. 그만큼 이 분야에서 수학·통계학이라는 기초 학문이 차지하는 비중은 절대적

이다.

둘째, 수학은 '논리적 사고력'을 기르는 데 매우 유용한 수단이다. 세상이 아무리 빠르게 변해도 가장 본질적인 것들은 무한한 영속성을 갖는다. 논리력의 중요성은 그중 하나다. 영국 철학자 존 로크는 "수학은 인간의 정신 속에 추론의 습관을 정착시키는 방법을 알려준다"고 말했다.

수학은 세상에 존재하는 다양한 패턴과 순서를 찾고, 자연이나 사회 현상들의 본질에 대해 설명하는 학문이다. 단순히 숫자를 계산하는 방법만 배우는 것이 아니다. 어렵고 복잡한 문제를 푸는 과정을 통해 논리적으로 생각하는 방법을 습득할 수 있다. 정보의 양이 많아지면서 사회는 점점 더 복잡해진다. 생각과 정보를 논리적으로 '정리'할 수 있는 역량이 빛날 수밖에 없다.

"변호사는 30년 후 인공지능에 대체될 위험성이 가장 큰 직업 중 하나다."

《유엔미래보고서 2045》에서 발표한 보고서의 내용 중 일부다. 보고서에 따르면 변호사 초년생들이 맡고 있는 법리 및 판례 조사 작업과 같은 기초적인 법률 서비스부터 인공지능에 의해 빠르게 대체될 것이라고 한다. 심지어 멀지 않은 미래에는 인공지능 활용 능력이 변호사의 역량을 판단하는 잣대가 될지도 모른다고 한다.

의료 분야도 마찬가지다. IBM의 인공지능 시스템 '왓슨(Watson)'에게 의료 지식 및 데이터를 학습시킨 결과 암 진단 정확도가 96%로 전문의보다 현저히 높았다.

엄친아, 엄친딸의 대표 직업인 변호사, 의사의 입지가 흔들리다니 10년 전만 해도 상상하기 어려운 모습이지 않은가? 이는 전통적인 노동시장이 파괴되고 있고, 데이터·인공지능과 같은 키워드를 중심으로 시장이 빠르게 재편될 수 있음을 뜻한다.

필자는 학창 시절에 수학 공부를 하며 '미적분이나 집합같이 쓸모없는 것을 왜 배워야 하나'라는 의문을 종종 품었다. 지금도 많은 학생들이 비슷한 생각을 하고 있을 것이다. 하지만 필자가 여러 번 강조했듯 우리는 급변하는 세상에 살고 있다.

상위 1%로의 도약이 공부의 목적 중 하나라면, 수학을 배워야 하는 이유는 충분하다.

어떻게 수학 공부를 할까?
수포자를 위한 공부법

수학은 어렵다. 전국의 초·중·고등학생 9,000명을 대상으로 진행한 설문 조사 결과에 따르면, 초등학생의 37%, 중학생의 46% 그리고 고등학생은 무려 60%가 '수포자(수학을 포기한 사람)'라고 한다. 학교에서 배우는 수학 내용이 어려운가에 대한 질문에서는 중학생의 50.5%, 고등학생의 73.5%가 어렵다고 응답했다.

학생들이 유독 다른 과목과 달리 수학에 대해서는 극단적인 호불호를 보이는 경우가 많다. 왜 이런 현상이 발생하는 것일까?

▶▷ 수포자가 많은 이유

복합적인 이유가 있겠지만 그중 하나는 바로 '수업의 구성'이다. 수학은 다른 과목과 비교했을 때, 개념 간의 연결이 매우 긴밀하게 이뤄져있다. 즉, 중학교 1학년 때 배우는 내용을 알아야만 2학년 과정을 이해할 수 있고, 2학년 내용을 알아야 3학년 과정을 공부할 수 있다.

예를 들어보자. 우리 아이들은 중학교 1, 2 학년 때 유리수의 개념에 대해서 배운다. 이때 개념 정리가 안 되면 3학년 때 배우는 무리수를 이해하기 어렵다. 무리수를 이해하지 못하면 3학년 과정 중 일부인 제곱근도 놓칠 확률이 높다. 방정식도 마찬가지다. 1학년 때 배우는 일차방정식을 제대로 습득하지 못하면, 2학년 때 배우는 연립방정식과 3학년 때 배우는 이차방정식이 어렵게 느껴질 수밖에 없다.

수학은 진도가 밀리더라도 핵심 개념을 확실하게 이해하는 것이 무엇보다 중요하다. 또한 선행 교육은 득보다 실이 많을 수 있다. 필자도 초등학교 때 학교 경시반에 들어가면서 중1 과정을 선행 학습한 바 있다. 마치 대단한 일인 것처럼 주변에 자랑한 기억이 나는데 생각해보면 참 의미 없는 일이었다. 오히려 초등학교 때 무리하게 선행 학습을 하면서 일부 개념을 잘못 이해했고, 중학교 진학 후 관련 내용을 다시 정립하는 데 상당한 시간을 할애해야만 했다. 급할수록 돌아가라는 말이 있다. 특히 수학 공부는 더욱더 그러하다.

수포자가 많은 또 다른 이유는 한국의 수학 교육이 '노잼(재미가 없다는 뜻의 신조어)'이기 때문이다. 재미가 없으니 내용 전달이 안 된다. 소통이 효율적으로 이루어지지 않기 때문에 학생들은 수학 공부가 어렵게 느껴진다. 어려움은 결국 포기로 이어진다. 악순환의 반복이다.

▶▷ 수학에 몰입할 수 있는 방법이 뭘까?

　교육을 통해 원하는 바를 얻기 위해서는 무엇보다 재미와 몰입이 먼저 이루어져야 한다. 그리고 필자는 초·중등 수학 과정에 '게임'을 적극적으로 활용할 것을 추천한다.

　앞서 언급했듯 게임은 학습자의 몰입을 유도하기에 무척 훌륭한 교육용 도구다. 미국 카우프만 재단에서 진행한 연구 결과에서는 강의를 게임 방식으로 바꾸었을 때 학습 효과가 108%나 증가함을 확인할 수 있었고, 국내 기관에서 발표한 자료에서도 게임을 적용했을 때 학습 효과가 최대 50%까지 높아지는 것을 볼 수 있었다.

　영국의 전 교육부 장관 마이클 고브(Michael Gove) 역시 게임의 교육적 효과에 대해 강조한 바 있다. 그는 옥스퍼드 대학교 마커스 드 사토이 (Marcus du Sautoy) 교수가 개발한 수학 교육용 게임을 예로 들며 "학생들은 게임에 등장하는 외계인들을 효율적으로 파괴하기 위해 방정식 등을 사용하여 턴 수를 계산하는데, 이때 학생들의 몰입도는 놀랍기 그지없다. 논리적·수리적 사고를 요구하는 과목에서 교육용 게임의 잠재력은 무궁무진하다"라고 말하며 교육과 게임의 시너지 효과에 대해 높이 평가했다.

조금 더 구체적이고 현실적인 방법을 제시하자면, 게임을 직접 프로그래밍하면서 수학의 핵심적인 원리를 배우는 방법이 있다. 학습 순서를 정리하면 다음과 같다. 첫째, 수학 원리를 배운다. 둘째, 습득한 내용을 논리적으로 정리해서 코드(code)를 짠다. 그리고 마지막으로, 자신이 작성한 코드를 직접 컴퓨터 프로그램상에서 돌려봄으로써 앞서 배운 수학적 개념이 게임 그래픽에 어떻게 적용되는지를 확인한다.

삼각함수를 예로 들어보자. 사인, 코사인, 탄젠트가 머리에 안 들어오는 이유 중 하나는 덧셈·뺄셈과 같은 단순 연산과 달리 시각화가 안 되기 때문이다. 어디에 어떻게 쓰이는지 '경험'하는 것이 어려우니 개념들이 깔끔하게 정리가 안 된다. 개념 정리가 안 되니 재미 또한 없어진다.

게임 프로그래밍을 활용한 융합 교육은 수학 교육에 즉시성 (immediacy)을 부여함으로써 앞서 언급한 문제점들을 해결한다. 물론 필자가 언급한 교육 방법은 입시를 앞둔 고등학생들한테는 적절하지 않다. 시간적 여유가 있는 초등학생·중학생 그리고 전공 과목을 위해 수학 개념을 기본부터 다시 잡고자 하는 대학생들에게 추천하고 싶은 공부법이다.

수학은 인류의 역사만큼이나 긴 역사를 가지고 있다. 사회 발전에 중추적인 역할을 해왔고, 디지털 시대에는 더더욱 그럴 것이다. 새로운 시대에 수포자가 치러야 하는 비용은 상당히 혹독하다. 쉽게 포기하기에는 너무 아쉽다. 작은 시도로 큰 변화를 만들 수 있다.

수학 교육, 조금 더 느리더라도 조금 더 몰입할 수 있는 방법을 찾으면 된다.

PART 5

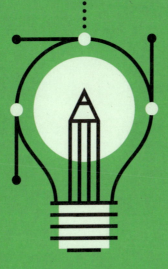

인문학과 금융학의 중요성은
시대를 가리지 않는다

인공지능 시대에
문과는 사라질까?

인문학과 예술은 디지털 시대의 핵심이다

"소크라테스와 함께 점심 한 끼를 먹을 수 있다면 애플이 가진 모든 것과 바꾸겠다."

애플의 창업자 스티브 잡스의 말이다. 그는 소크라테스처럼 깊이 생각하는 습관과 사물에 대한 끊임없는 질문들이 혁신적인 상품을 만드는 원동력이라 믿었다. 애플이 자랑하는 독특한 글씨체 역시 그가 대학 시절 우연히 듣게 된 서체 수업 덕분이었다는 것은 잘 알려진 사실이다. 페이스북의 마크 저커버그 역시 인문학을 적극 활용했다. 그는 하버드대에서 공부한 심리학과 IT 기술을 접목하여 '페이스북(Facebook)'이라는 세계 최고의 SNS를 탄생시켰다.

이처럼 세계적인 IT 기업의 수장들은 인문학과 예술이 기업 경영에 핵심적인 역할을 했다고 입을 모아 말한다. 필자 역시 이들의 의

견에 동의하지 않을 수 없다.

▶▷ 인공지능 시대에 인문학이 중요한 이유

앞서 언급했듯이 테슬라를 세운 일론 머스크는 인공지능(AI)의 상용화로 인해 인간의 20%만 의미 있는 직업을 갖게 될 것이라고 주장했다. 기술 혁명이 인간의 신체뿐 아니라 지적 노동력까지 대체한다는 뜻이다. **하지만 인공지능과 같은 새로운 기술들이 쉽게 침범할 수 없는 인간 고유의 영역들이 있다. 대표적인 것이 바로 '정서적 역량'이다.**

단순한 반복 업무나 특정 직무 수행을 위한 과학기술 등은 인공지능이 쉽게 대체할 수 있는 영역이다. 하지만 창의적인 문제 해결 능력을 통해 새로운 문제를 찾아내고 사물을 비판적으로 바라보는 인문학적 사유는 오직 인간만이 가능하다. 기계는 개인·조직이 가지고 있는 '감정'을 이해하기 어렵다. 하지만 인간이 내리는 최종 결정은 결국 감정적인 요소들을 기반으로 한다. 즉, 최신 기술에 대한 이해와 해박한 프로그래밍 지식은 반쪽짜리 역량이라는 뜻이다. 여기에 인간 고유의 영역인 '인문학적 소양'이 더해졌을 때 비로소 디지털 시대가 필요로 하는 완벽한 인재가 될 수 있다.

인문학이 중요한 또 한 가지 이유는 바로 '인간관계(Interpersonal Relationship)'다. 디지털 시대는 '비대면' 사회로 전개될 수밖에 없다. '비대면'이란 말 그대로 사람들 간의 접촉이 줄어든다는 뜻이다. 이런 흐름은 코로나19로 인해 더욱 가속화되고 있다. 학교도 마찬가지다.

수년간 차일피일 해오던 원격 교육을 전격적으로 실행하고 있다.

이런 형태의 삶에는 부작용이 있다. 바로 상대방을 이해하는 공감 능력이 떨어질 수 있다는 것이다. 특히 아이들의 경우 대면 접촉이 줄어들수록 상대방의 감정을 인지하는 역량이 부족해질 수 있다.

이런 부분을 보완할 수 있는 좋은 방법 중 하나가 바로 인문학 (humanities) 공부다. 인문학은 말 그대로 인간(human)의 사상과 문화에 관해 탐구하는 학문이다. 다시 말해, 인문학을 공부한다는 것은 인간을 공부하는 것이고, 학생들은 '인문학'이라는 간접 경험을 통해 부족한 '정서적 역량'과 '공감 능력' 등을 함양할 수 있다.

해외에서는 이미 '인문학+기술' 융합 인재 육성의 중요성을 인지하여 이를 위한 다양한 교육 프로그램을 제공하고 있다. 대표적인 예로 구글의 임원 출신이 설립한 알트스쿨(AltSchool)이 있다. 실리콘밸리에 거점을 두고 있는 이 대안학교는 STEAM 교육을 기반으로 하는 맞춤형 교육을 지향한다.

STEAM은 Science, Technology, Engineering, Arts, Mathematics의 약자인데, STEM(과학기술)에 Art(인문·예술)를 더해 창의적인 융합인재를 육성하는 교육과정이다. 페이스북의 마크 저커버그는 알트스쿨에 1억 달러를 기부하였고, 이베이의 창립자인 피에르 오미다이어도 막대한 금액을 투자해 세간의 이목을 끌었다.

"기술은 인문학, 예술과 결합할 때 우리의 마음을 움직일 수 있다."

스티브 잡스는 이미 미래 교육의 답을 예견했다. 인문학이 결여된 디지털 기술은 반쪽짜리에 불과하다.

왜 역사 공부는
여전히 중요할까?
역사 공부는 미래를 보는 가장 좋은 방법이다

역사는 반복된다. 그렇기에 우리는 역사를 "미래를 비추는 거울"이라고 표현하기도 한다. 과거 인터넷 포털 사이트에 돌았던 유명한 일화가 있다. 내용은 다음과 같다.

학생: "선생님 역사를 왜 배워야하죠?"
그러자 선생님이 꿀밤을 때리면서 말했다.
선생님: "역사는 당연히 배워야지."
갑자기 꿀밤을 맞은 학생은 당황하면서 되물었다.
학생: "근데 왜 때리세요, 선생님!"
그러자 선생님은 다시 한 번 꿀밤을 때리려고 했는데, 학생은 이를 피하며 또 물었다.

학생: "선생님 꿀밤 그만 때리시고 왜 역사를 배워야 하는지 알려주세요!"

그때 선생님이 대답했다.

선생님: "네가 나한테 처음에 꿀밤 맞은 걸 기억하지 못했다면 두 번째 꿀밤을 피할 수 있었을까?"

▶▷ 역사를 공부해야 하는 이유

인공지능 시대에도 역사 공부는 여전히 중요하다. 세상이 변해도 본질적인 것들은 무한한 영속성을 지니기 때문이다. 그렇기에 반복되는 역사에서 유의미한 패턴을 찾을 수 있는 능력은 시대를 불문하고 유용한 스킬셋이다.

'금융버블'을 예로 들어보자. 1840년대 네덜란드에서는 튤립 가격이 2년 동안 50배나 오른 후 100분의 1로 가격이 폭락한 사건이 있었다. 2000년대 초 미국에서는 펀더멘털(fundamental)이 없는 인터넷 기업들이 과대 평가되면서 '닷컴버블'이 발생했고 2002년 10월에는 역대 최고치에서 평균 78%나 하락된 수치로 주식들이 거래되었다.

이렇듯 버블은 인류의 역사에서 여러 번 반복되었는데, 그때마다 사건의 본질은 결국 '비이성적 군중심리'였다. 신상품, 신기술 등 미지의 분야가 나왔을 때 투자자들의 자금이 과하게 쏠리는 현상이 나타났고, 여기에 맹목적인 군중심리가 더해지면서 대형 버블이 형성되었던 것이다.

이런 과거의 패턴 속에서 교훈을 얻을 수 있는 사람들은 큰 화를 피할 수 있다. 2008년 금융위기 때가 그러했다. 잘못된 금융공학 이론을 기반으로 한 부동산 파생상품이 과거 버블들과 유사했음을 포착한 투자자들은 폭락하는 시장에서 막대한 부를 창출할 수 있었다. 물론 이같이 '대세를 거스르는' 결정을 하기 위해서는 금융에 대한 해박한 지식이 전제되어야 한다. 이에 더해 당시 현명하게 대처한 투자자들 중 다수는 과거의 역사를 통해 미래에 대한 해답을 찾았다고 말했다.

또 다른 예로 《삼국지》에 대해서 얘기해보자. 독자들 중에 《삼국지》를 모르는 사람은 없을 것이다. 서기 184년 황건적의 난부터 서기 280년까지 중국 대륙에서 벌어진 실제 사건을 바탕으로 집필한 중국의 대표적인 연의(演義)다. 책과 관련해서 다음과 같은 얘기도 들어봤을 것이다.

"《삼국지》를 10번 이상 읽은 사람과는 대화하지 말라. 또 《삼국지》를 한 번도 읽지 않은 사람과도 상대하지 말라."

말인즉, 《삼국지》를 10번 이상 읽었다면 지나치게 영리할 것이므로 상대하기 어려울 것이라는 뜻이고, 반대로 한 번도 읽지 않았다면 세상 이치에 어두워 대화할 가치가 없다는 것이다. 까마득한 과거의 일들이지만, 독자들은 당시 인물들의 처세술, 기획력, 전략적 의사결정 등을 학습하며 본인들의 삶에 필요한 지혜를 얻게 된다.

도움이 될 수밖에 없는 이유는 명확하다. 시대가 변해도 사람의 본질·본성은 크게 바뀌지 않는다. 그렇기 때문에 몇 백 년, 몇 천 년 전에 쓰여진 고전 속 인물들은 언제나 우리에게 새로운 영감을 줄 수 있다.

영국의 역사학자 에드워드 카(E. H. Carr)는 역사를 "과거와 현재와의 끊임없는 대화"라고 말한다. 과거와 대화하지 못하는 이들이 미래를 위한 현명한 판단을 하기는 쉽지 않다.

다시 한번 강조하지만, 가장 본질적인 것들은 시대가 변해도 무한한 영속성을 가진다. 역사(history)는 그중 하나다. 디지털 시대에도 역사 공부는 여전히 중요하다.

03

한국인 유학생 최초로
수석 졸업하게 된 계기
운동을 통해 '함께'를 배운다

조기 유학을 보내려는 부모들도 어떻게 하면 영어를 더 많이 익힌 뒤 보낼지 생각할 뿐 운동은 안중에도 없다. 오로지 공부만이 최고라고 생각한다. '운동=논다'는 틀에서 벗어나지 못하고 있어서, 아이들이 친구와 축구를 하러 간다고 하면 "공부는 언제 하니?"라고 말하는 부엄마들도 많다. 이런 생각은 버려야 한다. '협업 능력'이 중요한 디지털 시대에는 더욱더 그러하다.

인공지능과 로봇은 자기에게 주어진 업무를 처리할 뿐, 자발적으로 타인과 협력하여 '측정 불가한(unmeasurable)' 시너지를 창출하지 못한다. 동료애, 팀워크 등이 대표적인 예다. 이런 역량들을 배양할 수 있는 가장 좋은 훈련 법 중 하나가 바로 '단체 스포츠'다.

필자의 유학 생활을 예로 들어 설명해보겠다. 필자는 중학교 때

유학을 갔다. 공부한 곳은 거버너더머(Governor Dummer Academy)라는 미국 최초의 사립 기숙학교였는데, 국내에서는 《서유견문》을 쓴 구당 유길준 선생이 1884년에 입학했다가 2003년 그의 후손이 명예 졸업장을 수여했던 일로 잘 알려져있다. 학교에는 동양인이 거의 없었고, 필자가 재학할 당시에는 외국인 학생 비율이 10%도 채 안 되는 수준이었다. 특별한 기회를 받았음에 감사했지만, 중학생이 이런 낯선 환경에서 가족과 떨어져 기숙사 생활을 하는 것은 무척 힘든 일이었다.

특히 언어가 유창하지 못하니 친구를 사귀는 게 어려웠다. 가족과 떨어져있는 상황에서 친구마저 없으니 하루하루가 괴로웠다. 이때 한 줄기 빛 같은 역할을 한 것이 바로 운동이었다.

필자는 축구팀에 가입했다. 초등학교 1학년 때부터 거의 8년 가까이 '스포츠마당'이라는 사설 스포츠클럽에서 축구, 농구, 수영 등 기본 종목은 물론 계절 스포츠까지 두루두루 익혔기 때문에 운동만큼은 자신 있었다. 덕분에 축구팀에 가입하자마자 곧바로 주전을 꿰찰 수 있었는데, 이때부터 놀라운 변화가 일어났다.

일단 친구들이 많아졌다. 언어의 장벽으로 대화가 어려웠던 친구들도 운동장 안에서는 '공'이라는 매개체를 통해 하나가 될 수 있었다. 특히 축구의 경우 혼자서는 아무것도 할 수 없는 종목이다. 부족한 부분을 서로 채워주면서 하나의 팀으로 움직일 때 게임에서 승리할 수 있다. 자연스럽게 동료의 소중함을 배우고 그들과 '마음'으로 커뮤니케이션을 하는 방법을 습득할 수 있다. 필자 역시 마찬가지였다. 대화는 잘 통하지 않았지만 운동을 통해 끈끈한 유대감을 형성할 수 있었다. 친구가 많아지니 학교 생활이 재미있었다. 즐겁게 학교 생활을 하니 성적이 올랐고, 그렇게 4년을 보내니 수석 졸업을 하는 영예를 안을 수 있었다.

▶▷ 운동을 통해 '함께'를 배운다

조금은 극단적인(?) 사례일 수 있지만, 핵심적인 포인트는 모든 아이들에게 적용될 수 있다. 정리해보면 다음과 같다.

첫째, 단체 운동은 가장 '순수한' 형태의 대화를 가능케 한다.

둘째, '순수한' 형태의 대화는 아이들 사이의 장벽을 허물어주며, 서로 '친구'가

되는 것을 도와준다.

셋째, 이렇게 형성된 관계를 통해 아이들은 동료의 소중함과 팀워크의 중요성을 배우게 된다.

여기서 중요한 점은 '이왕이면 운동을 잘하는 게 더 좋다'라는 것이다. 단체 스포츠에 참여하는 것만으로도 의미가 있고 좋은 배움이 될 수 있지만, 여기서 퍼포먼스까지 잘하면 아이들은 엄청난 자신감을 얻게 된다. 팀워크의 중요성을 넘어서 리더로서의 역량까지 키우게 된다는 뜻이다.

"우리들은 강하다."

필자가 좋아하는 농구 만화《슬램 덩크》의 명대사다. 우리 아이들이 팀(team)의 위대함을 깨닫는다면 이미 반은 성공한 거다.

기술의 완성은 금융이다
금융학을 추천하는 이유

필자는 학부 때 금융학을 공부했다. 이후에는 통계학 석사를 하고 글로벌 테크 기업에서 근무하며 디지털 기술에 대한 전문성을 쌓아갔지만, 학문적으로 가장 오랜 기간 공부한 분야는 바로 '금융(finance)'이다. 예일대에서 MBA 과정까지 했으니 20대의 절반 이상을 금융학을 공부하는 데 쓴 셈이다.

그래서일까? 상당히 많은 학부모들께서 금융학 전공의 장점에 대해서 묻곤 한다. 그때마다 필자는 자신 있게 대답한다.

"아이가 한 분야에서(컴퓨터공학, 예술, 바이오 관련 분야 등) 압도적으로 뛰어난 퍼포먼스를 보이면 그쪽을 밀어주는 게 맞지만, 그게 아니라면 금융학 전공을 강력하게 추천한다. 아직 무엇을 해야 할지 몰라 더 많은 옵션을 확보하고 싶은데 숫자 감각이 뛰어나다면 공부해

서 손해 볼 게 없다."

▶▷ 금융학을 추천하는 이유

이유는 간단하다. 금융은 수천 년 동안 인류 역사에서 늘 핵심적인 역할을 해왔기 때문이다. 사람이 있는 곳에는 반드시 금융이 있다. 우리는 태어나면 병원 원무과에 가서 결제하고, 죽을 때는 화장장에 가서 결제한다. 태어난 시점부터 인생을 마무리하는 시점까지 금융과 관련이 없는 순간은 존재하지 않는다.

기업들도 마찬가지다. 중소기업들은 은행에서 대출금을 받아 사업에 필요한 돈을 보태고 있고, 대기업들은 주식 시장에서 회사의 지분을 팔아 자본금을 확보한다. 글로벌 기업도 예외는 없다.

상품과 서비스에는 시대별 흐름이 있다. 하지만 금융은 다르다. 변화무쌍한 트렌드 속에서도 금융의 가치는 불변한다. 예를 들어보자. 지난 40년만 살펴보면 우리는 PC의 시대를 거쳐 인터넷 시대로 넘어왔고, 인터넷 시대는 스마트폰의 등장과 함께 모바일 시대로 진화했다. 이런 흐름에 맞춰 1970~1980년대는 하드웨어(Hardware)가 강세를 보였고 1990~2000년대에는 소프트웨어(Software)가 주도권을 잡았다. 2010년대부터는 모바일 플랫폼이 강세를 보였고 결국 글로벌 시가 총액 톱 10를 페이스북, 애플, 아마존, 넷플릭스, 구글, 테슬라와 같은 IT 공룡들이 장악하게 되었다.

흥미로운 점은, 앞에서 언급한 6개 회사 모두 벤처캐피털(Venture Capital, VC)이라는 모험 자본을 통해 성장했다는 것이다. 국내도 마찬가지다. '테슬라 1호 상장 요건'을 통해 코스닥 시장에 진출한 전자 상거래 플랫폼 '카페24'와 핀테크의 새로운 지평을 열고 있는 '토스' 역시 VC 투자를 유치하며 사업 확장을 위한 기반을 마련할 수 있었다. 국내 최대 모바일 플랫폼 회사 중 하나인 '카카오'도 마찬가지다. 사업 초기 한국투자파트너스와 같은 벤처캐피털 자본을 통해 성장의 기틀을 구축했다.

창업자들이 세상을 바꿀 수 있는 멋진 상품과 서비스를 기획했지만, 이를 완성시킨 것은 결국 금융(finance)이다.

신대륙을 발견한 콜럼버스도, 대량 생산 혁명에 성공한 포드 자동차도, 스마트폰을 개발한 스티브 잡스의 애플도 시작과 끝은 '금융'

이라는 단어로 귀결된다. 기술의 중요성을 폄하하는 것이 아니다. 다만 금융이라는 것이 그만큼 영속적인 가치를 지니고 있으며, 이는 50년, 100년 후에도 다를 바가 없음을 강조하고 싶은 것이다.

당연한 말이지만 금융학의 중요성은 자본주의 사회에서 더 부각될 수밖에 없다. 디지털 시대에도 예외는 없고, 더 나아가 '우주 시대(new space)'가 되어도 마찬가지다. 금융이 곧 우리고, 우리가 곧 금융이다.

05 워런 버핏은 초등학교 때부터 주식 투자를 했다

'금융 조기 교육'이 필요하다

필자가 즐겨 보는 예능 중에 〈집사부일체〉라는 프로그램이 있다. 해당 프로그램에 메리츠자산운용의 존 리 대표가 나왔는데 거기서 MC 이승기는 이런 질문을 한다.

"왜 세계적인 부자들 중에는 유대인들이 많은 거죠?"

좋은 질문이었다. 우리가 알고 있는 대표적인 주식 부자로는 미국의 워런 버핏이 있다. 그 역시 유대인이다. 투자의 귀재로 불리는 워런 버핏의 재산은 2020년 기준 약 825억 달러에 달한다. 그는 주식투자로 천문학적인 부를 축적했는데, 재밌는 점은 그의 첫 투자 시점이 바로 초등학교 시절이었다는 사실이다.

유대인들은 13살에 성인식을 한다. 이때 어른들은 아이들에게 돈을 준다. 우리나라로 치면 몇 백만 원 정도를 한 번에 주고 주식이든

어디든 투자를 하게끔 유도를 한다. 이를 통해 유년 시절부터 자본주의 개념을 배우고 경제 관념을 세우기 시작한다. 아마존의 제프 베조스, 페이스북의 마크 저커버그 역시 유대인인데, 이처럼 유대인들이 세계 경제를 지배하는 것을 보면 그들의 금융교육 방식이 상당히 효과적임을 알 수 있다.

하지만 안타깝게도 한국에는 이런 문화가 아직 정착되어있지 않다. 우리 국민들에게 '자본주의'라는 단어는 부정적인 것으로 인식되는 경우가 많다. 자본(돈)에 대해서 가르친다고 하면 부모들은 그런 쓸데없는 것 대신 학교 공부를 열심히 하라고 한다. 여러 이유가 있겠지만 조선 시대 유교 문화의 영향이 아직도 많이 남아있어 그렇지 않나 싶다.

한국의 금융 시스템은 지난 30년간 빠르게 성장했다. 주식 시장의 시가총액 순위에서도 세계 톱 20에 드는 수준이고, 세계경제포럼(World Economic Forum, WEF)도 한국의 금융 성숙도를 세계 19위로 측정했다.

그럼에도 불구하고 금융 이해력[1] 점수는 선진국의 절반 수준에 그쳤다. 미국 신용평가기관인 S&P는 한국의 금융 이해력 점수를 33점으로 측정했는데, 이는 독일(66점), 영국(67점) 대비 현저히 낮은 수치다.

▶▷ '금융 조기 교육'이 필요하다

대한민국 국민들이 돈을 바라보는 인식은 변해야 한다. 우리는 디지털 시대에 살고 있고, 코로나19 팬데믹 이후 이런 흐름은 더 가속화되고 있지만, 자본주의라는 사회적 구조는 여전히 유지되고 있다. 사회가 발전할수록 금융이 차지하는 비중은 더 커지기 마련이다. 금융 지식이 없으면 노후 준비가 어렵고 피해를 볼 확률이 높아지는 구조다.

그렇기 때문에 '금융 조기 교육'이 중요하다. 피할 수 없으면 '생존기술'을 하루 빨리 습득하는 게 맞다. 우리 아이들에게 보험의 원

---

1 금융이해력 점수: 국민의 금융지식 수준, 소비 · 저축 등 돈에 대한 태도, 재무계획 등을 세우는 금융 행위의 정도 등을 측정해 계량화한 수치

리를 가르치고, 신용카드 쓰는 법을 알려주자. 상품을 직접 만들어서 팔아보거나 중고 거래를 통해 시장경제의 흐름을 이해할 수 있도록 도와주자. 유대인들처럼 아이들에게 목돈을 주고 주식 투자를 하게끔 유도해보는 것도 좋다. 그 대신, 아무 회사나 투자하는 것이 아니라 본인만의 명확한 '논리(logic)'을 세울 수 있도록 도와주고, 이를 기반으로 나름의 원칙을 세워 직접 투자까지 해보는 교육을 진행해보자.

"부자는 하루아침에 만들어지는 것이 아니다"라는 말이 있다. 세계적인 부동산 재벌이자 미국의 대통령을 역임한 도널드 트럼프는 "자녀에게 1달러의 가치를 알려주는 것이 식사보다 더 중요하다"라고 주장했다. 마이크로소프트의 창업주인 빌 게이츠의 아버지는 빌 게이츠가 물건을 살 때마다 관련 내역을 용돈 기입장에 기록하게 했고, 경제 신문에 나오는 사례들로 토론을 하는 등 금융 교육에 큰 노력을 들였다고 한다.

금융은 우리 사회의 근간이다. 여러 번 강조했지만 이는 디지털 시대에도 유효하다. 우리 아이들의 금융 교육, 더 이상 미루지 말자.

PART 6

코딩이 미래다

디지털 시대의 꽃은 코딩이다
왜 코딩일까?

앞서 언급했듯이 올해 미국 증시 시가총액 톱 5에 이름을 올린 기업들은 애플, 알파벳, 마이크로소프트, 아마존, 페이스북 등 모두 글로벌 소프트웨어 회사들이다. 한국의 경우도 삼성전자, 네이버 등 테크 기업들이 1~5위를 차지했다. 2020년 코로나19의 영향으로 잠시 주춤하는 듯 보였으나, 이들의 핵심 가치는 변하지 않았으며 시장 내 입지는 여전히 확고하다.

기업뿐이 아니다. 4차 산업혁명 시대의 도래와 함께 전문직의 개념 또한 변하고 있다. 앞에서 언급했듯이 IBM의 인공지능 시스템 왓슨은 전문의보다 더 정확하게 암을 진단하는 데 성공했고,《유엔미래보고서 2045》는 30년 후 입지가 흔들릴 가능성이 높은 직업 중 하나로 변호사를 꼽았다.

　이렇듯 견고하다고 여겨져왔던 경제와 노동의 축이 흔들리면서 세상이 급격히 변하고 있다. 변화의 중심에는 최근 미디어에서 자주 언급되는 인공지능·빅데이터 등의 첨단 기술이 있는데, 이런 기술들을 뒷받침하는 것이 바로 소프트웨어다. 그리고 이처럼 우리 생활 곳곳에 깊숙이 자리 잡고 있는 모바일·컴퓨터 소프트웨어들은 모두 규칙적인 '컴퓨터의 언어'로 구성되어있다.

▶▷ 코딩, 디지털 시대 제2의 영어다

　코딩은 이러한 '컴퓨터의 언어'로 프로그램을 만드는 것을 지칭하는 용어다. 따라서 디지털 시대의 영어와 같은 것이라고 해도 과언이 아니다.

20세기에 영어는 개인으로서 갖춰야 할 핵심적 역량이었다. 영어를 할 줄 모르면 글로벌 리더가 될 수 없었고, 단순 취업에서조차 영어가 중요한 경우가 태반이었다. 4차 산업혁명이 진행되고 있는 디지털 시대에는 코딩 능력이 특정 분야의 리더가 되기 위한 필수 조건이 될 것이며, 더 나아가 코딩을 할 줄 모르는 사람들은 생존까지 위협받을 수 있다.

영어는 세계화 시대의 공통 언어였다. 하지만 우리는 새로운 시대에 살고 있다. 코딩, 디지털 시대 제2의 영어다.

코딩 교육의 수능 과목화?
곧 다가올 미래다

"당신은 은행에서 근무하고 있다. 이 은행의 핵심 사업은 대출 업무다. 당사가 최적의 이자율을 찾을 수 있는 알고리즘을 만들어보시오."

필자가 생각하는 미래의 대학입시 문제다. 학생들은 기업 혹은 국가기관에서 고민할 법한 문제들을 주어진 시간 안에 해결해야 한다. 기존의 수능처럼 지식을 암기해서 풀 수 있는 유형의 문제가 아니다. 프랑스의 대입 시험인 바칼로레아(Baccalauréat)처럼 객관식 대신 서술형으로 진행되며, 코딩 능력뿐 아니라 논리력과 창의력도 함께 평가한다.

머나먼 미래의 일처럼 들릴 수 있지만, 대한민국의 대입 시험에서도 코딩 문제를 비롯한 창의력 평가 문제가 본격적으로 등장하는 것은 시간 문제다.

2018년부터 SW 교육이 의무화되었다. 이에 따라 초등학생은 실과 과목을 통해 17시간 이상, 중학생들은 정보 과목을 통해 34시간 이상 SW 교육을 받아야 한다. 필수 이수 시간도 선진국 기준인 90시간 이상의 수준으로 올라갈 확률이 높다. 자연스럽게 학교 시험에서도 코딩 문제가 포함될 것이며, 이는 궁극적으로 대학 입시의 변화로 이어질 것이다.

고등교육기관의 움직임도 주목할 필요가 있다. 고려대, KAIST, 한양대, 성균관대 등에서 SW 인재 전형을 신설했고, 서울대 경영학과, 중앙대 등이 필수 교양으로 코딩 과목을 신설했다. 초·중·고 교육은 결국 고등 교육기관의 결정에 직간접적인 영향을 받을 수밖에 없다. 코딩의 수능 과목화를 예상하게 하는 대목이다.

실제로 2014년에 이미 미래창조과학부를 중심으로 '코딩 교육의 수능 과목화' 움직임이 있었다. 골자는 선택과목인 SW의 일반과목을 격상시키고, 코딩 교육을 물리·화학·생물·지구과학 등 수능시험 과학 선택과목에 새로 포함하자는 내용이었다. 학생들의 학업 부담 증가와 사교육 부채질 등의 문제를 우려한 교육부의 반대로 추진되지는 못했지만 지금은 이야기가 다르다.

4차 산업혁명이라는 거친 파도 속에 코딩 교육의 중요성이 그 어느 때보다 부각되고 있다. 필자는 코딩 과목의 수능화에 대해서 확신에 가까운 믿음이 있다. 단, 교육 당국이 공정성과 일관성이라는 명분하에 코딩 교육을 기존 수능의 형태 안에 그대로 넣어버리는 과오를 저지르지 않기를 간절히 희망한다.

▶▷ 코포자가 될 수 있다

초중생 자녀를 둔 학부모라면 아이들의 교육 방향에 대해 다시 한 번 진지한 고민이 필요하다. 과유불급이지만 시대에 발맞추어 일찍 코딩 교육을 시작하지 않으면 고등학교 혹은 대학교 진학 시 코포자(코딩 포기자의 줄임말)가 되어버릴 수 있다. 영어·수학과 마찬가지로 불필요한 선행 학습은 지양해야 하나, 기본기의 중요성은 코딩 및 SW 교육에도 똑같이 적용된다.

교육의 방법도 깐깐하게 선택해야 한다. 수차례 이야기했듯 코드만 주구장창 외워버리는 전통적인 한국식 교육으로는 4차 산업형 인재가 되기 어렵다. 창의적인 사고와 문제 해결 능력에 초점을 맞춰 융합형 인재로 키워나가야 한다.

소프트뱅크의 창업자인 손정의 회장은 "변화를 미리 준비하고 흐름을 파악하여 길목을 지키는 병법"의 중요성을 여러 차례 강조한 바 있다. 교육 역시 마찬가지다. 다가오는 변화를 받아들이고 선제적으로 준비하는 자세가 필요하다. 코딩 과목의 수능화, 멀지 않았다.

아이비리그 학생들은 실리콘밸리에 간다

연봉으로 증명되는 기술직의 중요성

불과 10년 전만 하더라도 미국 사회에서 금융업계는 톱클래스 대학 졸업생들이 가장 선호하는 직장이었다. 하지만 이들은 이제 월가 대신 실리콘밸리로 눈을 돌리고 있다.

MIT 졸업생 중 금융업계에 취업한 사람의 비율은 2006년 31%에서 2015년 10%로 크게 줄었다. 반면 IT 업계로 진출한 MIT 졸업생 비율은 2006년 10%에 불과했지만 2015년에는 28%로 급증했다. 하버드대 졸업생 역시 마찬가지다. 이들 중 금융업계를 택한 졸업생들의 비율은 2007년 42%에서 2015년 33%로 많이 감소했다. 반면 IT업계를 택한 비율은 7%에서 17%로 2배 이상 증가했다.

▶▷ 승자의 키워드는 'Technology'다

왜 이런 현상이 발생하는 것일까? 여러 가지 이유가 있겠지만 연봉에 대해 말하지 않을 수 없다. 4차 산업혁명 시대를 맞아 기술직의 중요성이 더욱 부각되고 있다. 이로 인해 IT 관련 기술직의 보수가 미국의 실리콘밸리 같은 주요 산업 지역에서 빠른 속도로 증가하고 있다.

구글 직원들의 2019년 중간 연봉은 16만 1,254달러(한화 약 1억 9,260만 원), 페이스북 직원들의 중간 연봉은 15만 2,962달러(한화 약 1억 8,260만 원)인 것으로 나타났다. 구글의 선임 연구 과학자는 약 1억 8385만 원의 연봉을, 선임 소프트웨어 엔지니어는 약 2억 5,900만 원의 연봉을 받는다. 최근 급부상한 인공지능(Artificial

Intelligence, AI) 분야의 경우, 관련 학과의 박사학위 소지자들에게 3억 4,000만 원에서 5억 6,000만 원 수준의 연봉을 제시하고 있다.

구직 정보 사이트인 '글래스도어(Glassdoor)'에 따르면 미국 내 소프트웨어 엔지니어링 관리자의 평균 연봉은 1억 8,500만 원에 육박하는 것으로 파악된다. 미국에서 IT 기술 직종이 고액 연봉자로 구분된 것은 새로운 일이 아니지만, 이 같은 추세는 분명 점점 더 강해지고 있다.

중국 역시 가장 높은 연봉을 받는 직업이 금융업계에서 IT 기술업계로 이동하고 있다. 중국 통계 당국에 따르면 SW 기술 분야 종사자들의 1인당 평균 연봉은 12만 2,478위안으로, 금융권 종사자들의 평균 연봉인 11만 7,418위안을 추월했다.

이러한 현상은 당분간 지속할 것으로 예상된다. IT 관련 직업 수요는 빠르게 증가하고 있지만, 이를 충족시킬 만큼 충분한 인력 공급이 이루어지고 있지 않기 때문이다. 돈이 전부는 아니지만 자본주의 사회에서 연봉은 자신의 가치를 증명하는 하나의 중요한 지표임은 분명하다.

그런 의미에서 1980~2000년대에 태어난 Y세대나 밀레니엄 세대에게 'Technology(기술)'란 키워드는 매우 중요한 의미를 지니고 있으며, 이들에게 '컴퓨터 언어'는 디지털 시대의 영어와 같은 것이라 해도 과언이 아닐 것이다.

이런 흐름은 국내 대학 입시에도 어느 정도 반영되는 듯 하다. 2019학년도 대학 입시 결과를 분석한 바에 따르면 서울대학교 컴퓨터공학과는 상위 표준점수 백분위가 0.13~0.15%로 서울 지역 주요 의대에 근접했다. 통상적으로 서울대학교 의대는 상위 0.03% 이내, 고려대학교 의대는 0.13% 이내로 추정된다.

지난 10년 사이 글로벌 시가총액 톱 5 회사가 모두 IT 기업으로 바뀌었다. 내 가치를 높이기 위해서는 시대가 필요로 하는 역량을 습득해야 한다. 필자가 제시하는 승자의 키워드는 'Technology(기술)'이다.

코딩 교육, 어떻게 하면 될까?
코딩 교육, 기본기의 중요성

필자가 처음으로 코딩을 접한 시기는 고등학교 때였다. 현업에서 가장 많이 쓰이는 프로그램 언어 중 하나인 자바(Java)부터 배우기 시작했다. 어려웠다.

단언컨대 고등학교에서 받은 모든 수업 중 가장 어려웠다. 필자는 수학, 과학을 잘하는 편이었다. 그럼에도 불구하고 코딩 수업만큼은 지금 생각해도 진저리가 날 정도로 힘들었다.

이는 필자만의 문제가 아니었다. 실제 많은 이들이 코딩 공부를 어려워한다. 문과·이과를 불문하고 상당수의 학생들이 자바나 C 언어 등 컴퓨터공학 개론 수업만 듣고 코포자(코딩포기자)가 되어버린다. 왜 이런 현상이 반복적으로 발생하는 것일까?

▶▷ 컴퓨터공학 개론 수업에서 코포자가 되어버리는 이유

문제의 근원은 '기본기' 부족이다. 사람을 예로 들어보자. 아이들은 언어를 배울 때 먼저 소리를 들으며 사물을 보고 만진다. 그런 훈련들이 반복되다 보면 자연스럽게 언어를 체화해 어느 순간 본인들의 생각을 말로 표현하게 된다. 그 후 다양한 교육과정을 통해 말하는 것을 글로 옮기는 수준까지 이르게 된다.

컴퓨터의 언어 또한 마찬가지다. 먼저 보고 느끼는 것이 중요하다. 본인이 사용하는 컴퓨터의 언어가 무엇을 나타내는지 시각화(visualize)가 되어야 한다. 특히 컴퓨터의 세계는 인간에게 매우 낯선 영역이기 때문에 이러한 일련의 훈련 과정을 거치는 것이 더더욱 중요하다.

그럼에도 불구하고 전통적인 코딩 교육 프로그램은 이런 과정을 건너뛰고 자바나 C 언어 등을 바로 시작한다. 이는 마치 막 영어를 배우기 시작한 어린아이에게 《성문종합영어》 책을 던져주고 주입식 교육을 시키는 것과 비슷한 상황이다.

좀 더 구체적인 코딩 기본기 훈련 방법을 순서대로 설명해보면 다음과 같다.

첫 번째, 스크래치와 같은 시각적인 블록 코딩을 통해 논리적인 사고력을 키운다.

두 번째, 블록 코딩에서 텍스트 코딩으로 전환하여 간단한 게임을 만들어본다.

세 번째, 아두이노 등을 활용하여 코드가 하드웨어를 어떻게 작동시키는지 실습한다.

국내에서는 특히 두 번째의 중요성을 간과하는 경우가 많은데, 본격적인 프로그래밍을 배우기 전 꼭 시간을 할애하여 배워볼 것을 추천한다. 첫 번째부터 세 번째 과정을 통해 기본기를 잘 쌓은 후에는 입문용 프로그래밍 언어로 C언어를 배우는 것이 좋다.

성인들의 경우 쓰임새가 많고 배우기 쉬운 파이썬(Python)이 무난할 수 있지만, C언어는 플랫폼 영향을 받지 않고 활용되는 유비쿼터스(ubiquitous) 언어다. C언어에 대한 개념이 잘 잡히면 다른 프로그래밍 언어들은 비교적 쉽게 배울 수 있다.

물론 학생들마다 개인차가 있기 때문에 어떤 이들은 필자가 언급한 기본 과정이 필요하지 않을 수 있다. 하지만 동서고금을 막론하고 최후의 승리는 기본에 충실한 사람이의 몫이었다. 히딩크 감독이 2002년 월드컵에 앞서 진행한 훈련의 핵심도 결국은 체력 훈련이었고, 한국의 대표적인 프로듀서 박진영 역시 뛰어난 뮤지션의 필수 자질 중 하나로 탄탄한 기본기를 언급한 바 있다.

코포자의 문턱까지 갔었던 유경험자의 입장에서 말하건대, 코딩 공부는 결코 만만치 않다. 잘못된 방식으로 어설프게 접근하면 죽도 밥도 안 될 수 있다. 급할수록 돌아가자.

▶▷ 입문 단계를 넘어 중급 · 고급으로

블록 코딩, 피지컬 컴퓨팅, 게임 기반 코딩 등을 통해 기본기를 다진 후에는 자바 · C · 파이썬과 같이 특정 언어를 배우는 것을 추천한다. 코딩 언어를 배울 수 있는 방법은 다양하다. 코세라(Coursera) · 에드엑스(EdX) · 칸아카데미(Academy) 등 수많은 온라인 과정이 존재한다. 비트교육센터 · 패스트캠퍼스와 같은 오프라인 학원에서도 프로그램 언어를 쉽게 배울 수 있다.

그러나 입문 단계를 넘어서 중급 · 고급 개발자로 성장하기 위해서는 커뮤니티에 가입하는 것이 필요하다. 깃허브(Github)와 같은 커뮤니티에서는 실무 경력자들이 직접 진행한 프로젝트의 코드를 보면서 실전 공부를 할 수 있다. 글을 잘 쓰기 위해서는 좋은 글을 많이 읽어봐야 하듯이, 좋은 코드를 쓰기 위해서는 고수들의 코드를 꾸준히 리뷰해야 한다.

컨퍼런스, 워크숍, 소그룹 스터디 등에 참여하는 방법도 있다. 국내에서는 구글 서울 캠퍼스, 디캠프 등에서 다양한 오프라인 행사를 진행하고 있다. 페이스북에서는 정기적으로 해커톤을 열어 그 결과물을 적극적으로 서비스에 반영하고 있다. '좋아요' 버튼, 아시아 사용자를 위한 '음력 생일' 표시 등이 대표적인 사례. 참여자들은 이같은 행사들을 통해 최신 기술 동향을 파악하고 전문가들의 조언을 들을 수 있는 기회를 얻는다.

더불어 코딩의 근간이 되는 알고리즘(Algorithm)에 대한 끊임없는 공부가 필요하다. 예를 들어, 1에서 100까지 100개의 정수의 합을 구하라는 문제를 살펴보자. 모두가 잘 아는 '등차수열'이라는 공식을 사용하면 5,050이라는 답을 쉽게 구할 수 있다. 하지만 이 공식을 모를 경우에는 1에 2를 더해서 3을 만들고, 3에 다시 3을 더해 6을 구하는 반복적인 계산을 해야 한다.

컴퓨터가 이러한 역할을 한다고 가정해보자. 1에서 100까지를 더하라고 한다면 99번의 덧셈을 하는 작업인데, 공식을 통해 한 번에 구하는 것보다 더 많은 시간과 자원이 소요될 것이다. 이때 컴퓨터에게 '가장 효율적인' 요청을 하는 것이 바로 프로그래머의 역할이다.

그렇기에 좋은 프로그래머가 되기 위해서는 단순히 컴퓨터 언어를 숙지하는 것만으로는 부족하다. 질문을 논리적으로 분석해 해결하고 싶은 문제를 구체화·구조화하고, 이를 빠르고 효과적으로 해결할 수 있는 방법이나 공식을 개발하는 '알고리즘적 사고'가 필요하다.

일부 코딩 교육 관계자들은 컴퓨터 언어만 습득하면 자유자재로 코딩을 할 수 있을 것이라고 말하지만, 이는 마치 영어 단어와 문법만 알면 영문 소설을 쓸 수 있다고 말하는 것과 다를 바 없다.

최근 중소기업·대기업 관계자들을 만나 얘기를 들어보면 초급 프로그래머들은 많지만, 회사에서 일을 믿고 맡길 수 있는 개발자들은 적다고 말한다. 기본에 충실하지 않았기 때문이다. 앞서 언급했듯 프로그래머에 대한 시장의 수요는 빠르게 증가할 것이다. 특히 중급·고급 개발자의 경우 더더욱 그러하다. 급할수록 돌아가자. 기본에 충실하자.

심화단계	1/1	1/2	2/1	2/2	3/1	3/2	4/1	4/2	전공트랙
기본소양 26학점	생활영어 국어와 문학 현대과학기술의 기초 공학윤리 컴퓨터 입문	언어와 표현 공학작문 대학영어	교양영작문(초급) 법과생활		공학경영	영상문학의 이해			
기초과학 및 수학 26학점	선형대수학	이산수학	일반물리학1 일반물리실험1 미적분학(1)	생명과학 일반물리학2 일반물리실험2 확률및통계	수치해석 공업수학				
공학주제 51학점	C프로그래밍	논리회로 컴퓨터프로그래밍 자료구조분석 컴퓨터프로그램설계	컴퓨터시스템및어셈블리언어	컴퓨터구조 자료구조설계 객체지향프로그래밍	운영체제 알고리즘 소프트웨어공학	멀티미디어컴퓨팅 컴퓨터통신 프로그래밍언어론 테이타베이스설계 인공지능	캡스톤프로젝트1 네트워크응용설계 정보보호이론 컴파일러설계 LINUX시스템 DB시스템및프로그래밍 설계패턴(객체모델링) 컴퓨터그래픽스	캡스톤프로젝트2 모델및시뮬레이션 무선이동통신 라우터시스템 컴퓨터보안 내장형시스템설계 전자상거래 영상처리 컴퓨터게임설계 정보표준화	공통필수 시스템소프트웨어 분야 응용소프트웨어 분야

일반교과목　공학인증필수과목　설계과목　설계필수과목

중앙대학교 컴퓨터공학부 커리큘럼 예시(출처: 중앙대학교)

우리 아이 코딩 교육,
온라인이 능사가 아니다

코딩 교육 의무화에 맞춰 국내에 많은 코딩 교육기관들이 설립되고 있다. 온라인상에서는 수년 전부터 이미 무료 코딩 교육 플랫폼 등이 존재했다. 흥미로운 점은 무료 온라인 코딩 교육 플랫폼이 존재함에도 초·중·고 학생을 대상으로 하는 코딩 학원들이 우후죽순 생겨나고 있다는 것인데, 왜 교육자들은 굳이 오프라인 코딩 교육 프로그램에 집착하는 것일까?

필자가 보기에 이유는 명확하다. 프로그래밍 언어 습득이 초·중·고 코딩 교육의 핵심이 아니기 때문이다. 훌륭한 프로그래머가 되기 위해서는 비판적 사고, 창의력, 커뮤니케이션 능력 및 협업 능력 등을 길러야 한다.

하지만 온라인 교육은 주로 혼자 학습을 진행해야 하기 때문에 이러한 부분이 제한적일 수밖에 없다. 여기에 더해 컴퓨터란 존재는 매우 민감해 작은 오류 하나에도 제대로 작동되지 않을 수가 있다. 아이들이 흥미를 잃지 않도록 하기 위해선 옆에서 즉각 문제를 고쳐주거나 피드백을 줄 수 있는 강사가 절대적으로 필요하다.

더불어 온라인 수업들은 완강률이 매우 낮다. 펜실베이니아대의 연구 결과에 따르면 대표적인 온라인 교육 플랫폼인 코세라(Coursera)

의 경우 수업을 완강하는 비율이 4%에 불과했다. 국내 교육 프로그램인 EBS 역시 완강률이 13.8%에 불과하다는 통계가 있다. 사람은 개인마다 학습 속도와 지적 역량이 다르지만 온라인 교육은 이 같은 수요를 충족시킬 만큼 다양한 수준의 콘텐츠를 제공하지 못하고 있는 것이 현실이다.

앞서 언급했듯이 아이들은 언어를 배울 때 먼저 소리를 들으며 사물을 보고 만진다. 그런 훈련들이 반복되다 보면 자연스럽게 언어를 체화한다.

컴퓨터의 언어인 코딩 또한 마찬가지다. 먼저, 본인이 사용하는 컴퓨터의 언어가 무엇을 나타내는지 시각화가 되어야 한다. 특히 컴퓨터의 세계는 실제로 존재하는 세상이 아닌 '가상의 세계'이기 때문에 이러한 훈련을 거치는 것이 중요할 수 밖에 없다. 온라인상에서 이런 과정을 매끄럽게 진행하기는 결코 쉽지 않다. 온라인 도구들이 코딩 교육에 좋은 보완제(supplement)가 될 수는 있지만 대체제가 되기는 어려운 이유다.

어느 정도 수준에 오른 성인의 경우는 온라인 교육이 좋은 선택일 수 있다. 하지만 초중고 학생들은 다르다. 이들을 대상으로 진행하는 코딩 교육만큼은 온라인이 아닌 오프라인 공간에서 진행되는 것이 바람직해 보인다. 우리는 디지털 시대에 살고 있지만, 아이러니하게도 교육에서만큼은 모바일이나 온라인이 능사는 아니다.

"아는 것이 힘이다."

잉글랜드 철학자 프랜시스 베이컨의 말이다. 이는 비단 우리 아이들에게만 해당하는 것은 아닐 것이다. 필자의 저서인 《코딩이 미래다》에서도 강조했듯이 부모·교육자들의 관점과 사고가 바뀌면 아이들의 인생이 바뀐다. 초중고 코딩 교육, 제대로 알고 제대로 가르치자.

세계적인 로봇 공학자?
코딩 교육으로 준비하자

영화 〈아이언맨〉의 주인공인 토니 스타크가 착용형 로봇인 아이언맨을 입는다. 입는 순간 발차기 한 번에 자동차가 날아가고, 폭탄쯤은 가볍게 막아낸다. 영화 〈스타워즈〉에서도 로봇의 활약이 대단하다. 주연급 역할을 맡은 'C3PO'라는 로봇은 2족 보행을 하는 휴머노이드 로봇인데, 수백만 개의 은하계 언어를 자유자재로 구사하며 주인공을 돕는다.

영화는 그저 영화일 뿐인가? 그렇지 않다. 로봇은 생각보다 우리 현실에 더 가까이 다가와있다. 아마존의 CEO 제프 베조스는 두 발로 걸을 수 있는 대형 휴머노이드 로봇을 시운전해 큰 화제를 불러일으켰다. 영화 〈에일리언〉에 나온 탑승형 로봇과 유사한 형태인데, 어깨부터 손가락까지 이어지는 보조 기구가 운전자의 움직임을 거의 그대로 감지할 수 있다. 개발이 완성되면 재난 구조, 건설 프로젝트 등에 투입되어 해당 업무의 생산성을 크게 높일 것으로 예상된다.

아마존의 경우 이미 소형 로봇인 키바(Kiva)를 자사 물류센터에 도입해 운영 비용의 20%를 절감한 것으로 밝혀졌다. 아마존의 물류 창고는 성수기에는 8만 명 이상의 아르바이트 인력을 투입해야 할 만큼 일손이 부족하고, 직원 1명이 하루 20km 이상을 걸어야 할 만큼 방대한 시설이다. 당사는 키바 로봇의 적극적인 활용을 통해 인력을 효율적으로 운영할 수 있었고, 이를 통해 1조 원가량의 인건비를 절감했다.

이외에도 로봇은 다양한 분야와 산업군에서 널리 활용되고 있다. 시장조사기관 IDC도 세계 로봇 시장이 "2020년까지 연평균 20%의 견고한 성장세"를 보일 것이라고 발표했다. 로봇에 인공지능(Artificial Intelligence)을 탑재하고 사물인터넷(Internet of Things)과 연결하는 수준까지 이른다면 그 영향력은 실로 엄청날 것이다.

▶▷ 로보틱스 분야로 진출하기 위해서는 어떤 공부를 해야 할까?

그럼 이제 교육자의 관점에서 다음과 같은 질문을 던져보겠다. 초·중·고 학생들이 향후 로보틱스 분야로 진출하기 위해서는 어떤 공부를 해야 하는 것일까?

필자의 추천은 코딩 교육이다. 로보틱스 분야에서도 프로그래밍은 필수다. 가장 간단한 로봇인 로봇 청소기만 보더라도 프로그래밍

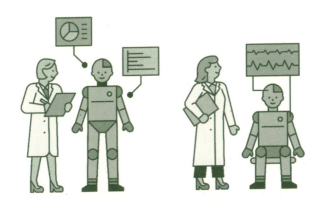

을 해야 하는 코드가 수만 개에 달한다. 기본적으로 방의 지도를 그릴 줄 알아야 하고, 장애물이 있으면 넘어가며, 벽이 있으면 피해야 한다. 이 모든 것이 코딩을 통해 이루어진다.

구체적으로 열거해보면 로봇에 들어가는 센서 제어, 모터 제어, 애플리케이션 작업을 위해서는 C, C++, 파이썬이라는 프로그래밍 언어는 기본적으로 할 줄 알아야 한다. 또한 안드로이드나 iOS를 알아야 스마트폰을 다룰 수 있듯이, 로봇도 운영체제에 대한 이해가 필요한데, 이를 위해서는 ROS(Robot Operating System)와 같은 운영체제에 대한 공부가 필요하다.

물론 전문가가 되기 위해서는 하드웨어, 회로, 전자에 대한 높은 이해도가 필요하지만 이는 초·중학교 학생들이 습득하기에는 쉽지 않은 분야다. 코딩 교육을 통해 프로그래밍에 익숙해지고, 더불어 논

리적 사고력과 창의적 문제 해결 능력을 키우는 것이 가장 이상적인
'첫 스텝'이라는 것이 전문가들의 중론이다.

또한 로보틱스가 대표적인 융복합 산업임을 간과해서는 안 된다.
업계의 특성상 다양한 분야와 환경에 적용되기 때문에 로봇에 대한
지식만으로는 아무것도 할 수가 없다.

전공 지식은 기본이고, 추가적으로 바이오, 화학, 통신 등 다양한
이공계 학문을 두루 섭렵해야 한다. 로보틱스 관련 분야로 진출하고
싶은 학생이라면 로봇 이외에 관심 있는 산업에 대한 지식도 꾸준히
습득해야 할 것이다.

관련 고등학교 진학을 원한다면 서울로봇고등학교를 참고해보는
것도 좋은 선택이다. 로보틱스 실무 역량을 갖출 수 있도록 전공교과
기초학습, 전공교과 실습과정, 실무적용 교육과정 등을 제공하고, 졸
업 후 전망도 밝은 편이다. 다수의 학생들이 삼성전자와 같은 국내
굴지의 기업체 취업에 성공했고, 서울로봇고와 협약을 맺은 현대중
공업, KT 등의 기업에서 다양한 채용 기회를 얻는다.

▶▷ 로봇의 미래와 기회의 탄생

다시 말하건대 로봇은 생각보다 우리 현실에 더 가까이 다가와있
다. 구글의 에릭 슈미트 회장 역시 로봇이 멀지 않은 미래에 인류의
생활 속 어디에서나 어떤 방식으로든 존재할 것이라고 말했다. 이런
급변하는 시대에는 반드시 기회가 있다. 개인용 컴퓨터(PC) 시대의

도래는 IBM과 마이크로소프트에게 엄청난 부를 안겨주었고, 스마트폰의 등장과 함께 애플은 세계 최고 기업 반열에 올라섰다.

이 천재일우의 기회를 잡는 사람은 누구일 것인가? 제 2의 빌 게이츠, 제 2의 스티브 잡스를 대한민국에서도 볼 수 있기를 필자는 간절히 바란다.

국내외 코딩 교육 업체는 어딜까?

2018년부터 코딩 교육이 의무화되면서 강남을 비롯한 많은 지역에서 코딩학원들이 오프라인은 물론 온라인상에서도 우후죽순 자리 잡고 있다. 그 중 초·중·고 학생들을 대상으로 하는 학원 몇몇 곳을 소개하여 과연 어떠한 코딩 교육이 이루어지고 있는지 알아보도록 하겠다.

코딩 교육 업체 정리

구분	장점	단점
비영리단체/ 국가교육	무료 또는 저렴한 교육	커리큘럼의 한계/상대적으로 낮은 퀄리티
학교 및 방과 후	저렴한 교육	강사 수급의 어려움/제한적인 교육 콘텐츠
온라인 코딩 교육	무료 또는 저렴한 교육	상대적으로 낮은 퀄리티
코딩 학원/ 대기업	입시와 연계/트렌디한 교육	높은 가격/지나친 경쟁

(출처: 줄라마코리아)

➕ 국내 코딩 교육 업체(오프라인)

대디스랩   www.daddyslab.com

경기도 판교에 위치한 대디스랩(디랩)은 전 삼성전자 연구원 출신 송영광 대표가 설립하였다. 2014년 1월 스크래치를 통한 코딩 교육에 관심을 보이지 않던 딸아이를 보며 개발한 '게임 튜브'라는 교재를 출시하며 학원이 설립되었고, 딸에게 스크래치를 가르치며 코딩 교육에 관심을 가지기 시작하여 학원 이름을 '대디스랩'이라고 지었다고 한다. 지금은 판교, 대치, 잠실, 대구, 울산 등에 지점을 둔 성공적인 코딩 학원으로 성장하고 있다.

디랩의 교육 철학은 '창업가 경험'에 있다. 토마스 프리드먼의 말을 인용하며 회사를 소개하는 송영광 대표는 "우리는 취직하는 시대를 살았지만, 우리 아이들은 직업을 발명해야 하는 시대를 살아가야 합니다"라고 말한다. 이러한 철학은 대디스랩의 교육 철학에 고스란히 녹아있다.

연령대별로 루키즈(초1~2), 스타터(초3~4), 크리에이터(초5~6), 메이커(중1~)로 나누어져있는 교육 과정과 더불어 디랩에서 배운 지식을 가지고 세상에 필요한 제품 등을 직접 개발하고 사람들에게 제공하는 프로그램인 '주니어 스타트업' 과정을 진행한다.

실제로 상용화된 한글 시계, iPet(반려견 자동급식기), DIY 공기 청정기 등이 대디스랩 주니어 스타트업 프로그램에서 개발되었다. 이들은 매우 탄탄한 교과 콘텐츠와 교육 인력을 확보하며 업계를 리드하고 있다. 필자는 감히 디랩을 한국 초·중·고 코딩 교육업계의 '애플(Apple)'과 같은 존재라 말하고 싶다.

CMS에듀가 2016년 8월 설립한 씨큐브 코딩은 Creativity(창의성), Collaboration(협력), Combination of Knowledge(융합지식) 능력 증진을 목표로 초등학생부터 고등학생까지를 대상으로 교육을 진행하고 있다.

교육 과정은 수준별로 DA(코딩 입문), MP(피지컬 컴퓨팅), CD(고급 프로그래밍 언어), CF(자기주도적 프로젝트)로 나누어져있으며 테스트와 상담을 통해 설정된다. 학생들이 토의와 팀별 활동을 통하여 자연스럽게 아이디어를 공유할 수 있는 교육 환경을 강조하고 있다. 이를 위해 다양한 시도를 하고 있는데 그 노력 중 하나가 씨큐브 스페이스라 할 수 있다. 이 공간은 작업대, 다양한 공구, 디지털 장비 등을 제공하는데, 학생들이 스스로 상상해보았던 프로토타입을 직접 제작해볼 수 있는 공간이다.

또한 SMILE(Stanford Mobile Inquiry-Based Learning Environment)라는 스탠퍼드 대학에서 개발된 온라인 질문 및 토의 시스템을 수업에 접목해 학생들의 인문학적 상상력을 키워주고 있기도 하다.

하지만 무엇보다도 씨큐브 코딩의 강점이라면 튼튼한 국내외 연구진이라 할 수 있다. 스탠퍼드 대학교 교육대학원 부학장인 폴 김 교수를 비롯하여 융합교육 교재 시리즈의 저자인 CMS에듀 이충국 대표이사 등 훌륭한 연구진이 씨큐브 코딩 연구진 중심에 있다.

코딩놀자

코딩놀자는 어린이들을 위한 코딩 전문 교육기관이다. 5세부터 13세까지의 어린이 및 초등학생들을 대상으로 하고 있는 코딩놀자의 교육 철학은 이름에서 볼 수 있듯이 "아이들이 스스로 코딩과 친해질 수 있는 계기"를 만들어주는 것이다. 회사는 코딩과 친숙해질 수 있는 계기를 만들어줄 다양한 코딩 교구를 국내 최대 규모로 보유하고 있다고 한다. 또한 국내외 대형 코딩 교구 회사들과 MOU를 체결하여 지속적으로 새로운 교구를 제공하고 있다.

교육 과정은 순차적으로 놀이를 통한 코딩, 블록 코딩 등으로 이루어져있다. 또한 센터마다 독립된 특별과정이 준비되어있으며 방학에 맞춰 새로운 코딩 교구가 출시된다고 한다.

코딩놀자가 사용하는 대표적인 교구로는 레고 에듀케이션 위두 2.0, 코드앤고, 스피로 스파크 & 올리, 마이크로 로봇 오조봇, 스피로 스타워즈 BB-8, 몬테소리 인증 큐베토, 리틀 비츠, 대시앤닷 등이 있다.

코리아코딩스쿨

코리아코딩스쿨은 JTB교육그룹에서 출시한 코딩 교육 전문 학원이다. 놀이(Play)와 기술(Technology)을 접목시켜 쉽고 재미있는 코딩 교육을 제공하는 것을 목표로 하고 있다. 최종 목표는 학생들에게 컴퓨팅 사고능력을 길러주는 것이다.

교육 과정엔 스크래치, 센서 보드, 아두이노 등을 이용한 기본적인 논리적 사고 수업부터 정보 올림피아드 과정까지 다양한 교육 프로그램을 제공한다. 대상은 유아부터 고등학생까지다.

✚ 국내 코딩 교육 업체 (온라인)

소프트웨어야 놀자	www.playsw.or.kr

소프트웨어야 놀자는 커넥트 티처라는 재단이 개설한 수업을 학생들과 연결해주는 플랫폼이다. 웹 사이트엔 BBC 애니메이션, EBS의 소프트웨어, 엔트리, 칸아카데미, CS언플러그드, code.org, SEF(Software Education Festival 2015)의 교육 영상을 한글로 정리하여 난이도 및 주제별로 나누어놓았다.

온라인 교육을 통해 관심 있는 주제 혹은 레벨별로 정리된 강의를 무료로 수강할 수 있다는 점, 그리고 단계가 끝날 때마다 수료증이 주어진다는 점이 매력이다. 하지만 심층적인 교육을 받기 힘들다는 것이 단점이다.

온라인 무료 교육과 동시에 오프라인 무료 교육도 제공하고 있다. 희망 지역을 선택하면 그 지역에서 받을 수 있는 무료(외부 사이트에서 수업을 신청해야 함) 교육들을 찾아볼 수 있다. 무료 교육을 해주는 선생님들은 커넥트 티처 재단에서 SW 강사 수료 및 인증을 받은 강사진으로 구성되어있다. 단, 무료인 만큼 신청을 한 모든 학생이 수업을 들을 수 있는 것은 아니다.

엘리스	elice.io

2015년 KAIST 인공지능 박사과정 학생들이 창업한 엘리스는 자체 개발한 코딩 플랫폼 '엘리스'를 기반으로 온라인 코딩 교육을 제

공한다.

다양한 유료 및 무료 교육 과정을 보유하고 있는데 여기에는 파이썬, 데이터 구조, 데이터사이언스, 알고리즘 등이 있다. 교육생들을 위하여 교실 채팅, 페어 프로그래밍 등과 같은 서비스를 개발하였으며, 이를 통해 교육생들은 온라인 교육임에도 불구하고 튜터들과 원활한 커뮤니케이션을 할 수 있다.

여기에 더해 교육자들에겐 AI 대시보드, 튜터링, 헬프센터, 학생들의 학습 진도 등을 확인할 수 있는 서비스를 제공하여 효율적인 교육을 제공할 수 있도록 돕는다. 이와 같은 효율적인 '비대면(언택트)' 기술 도입을 통해 만 명 단위의 교육을 원활하게 진행할 수 있고, 이로 인해 많은 기관이 엘리스를 이용해 코딩 교육을 진행하고 있다.

사업 초기에는 순수 온라인 비지니스였으나, MIT에서 시범 운영을 시작으로 현재 SK텔레콤, 카카오, 넷마블 등 주요 IT 기업과 KAIST, 서울대 등 국내 유명 대학에서 사내 교육 및 정규 수업으로 엘리스를 사용해 오프라인으로 코딩 교육을 제공하면서 사업이 확장되고 있다.

위즈스쿨 wizschool.io

2018년에 설립된 위즈스쿨은 최근 막대한 투자를 받고 급속하게 성장 중인 온라인 기반 코딩 교육 업체다. 코딩을 처음 접하는 초·중학생들을 위해 자체 개발한 플랫폼, '위즈랩'을 통해 자바스크립트 기반의 텍스트언어 교육을 게임과 접목시킨 학습 콘텐츠를 무료로 제공한다.

인공지능(AI) 튜터 서비스를 통해 아이들의 학습 상황을 진단하여 맞춤형 교육을 실행하고, 이를 통해 아이들은 직접 쉽게 앱과 게임을 제작할 수 있으며, 이를 위즈앱이란 플랫폼을 통해 공유하고 서로 커뮤니케이션을 할 수 있다.

온라인 무료 플랫폼과 더불어 유료 교육 과정인 "위즈라이브"를 통해 1:1 온라인 화상 강의 서비스 또한 제공한다. 위즈라이브는 위즈랩을 사용하여 프로그래밍 언어부터 알고리즘 설계까지 전체적 개념을 마스터할 수 있는 교육 과정이며, 현재는 초등학교 4학년부터 중학교 3학년을 대상으로 한다.

백준 온라인 저지   www.acmicpc.net

프로그래밍 언어를 풀고 채점을 받을 수 있는 온라인 플랫폼이다. 1만 7,000여 개가 넘는 문제가 현재까지 올라왔으며 약 1만 3,000여 개의 문제가 풀린 상태다. 문제의 개수는 계속 증가하고 있으며 국내 최대 숫자의 알고리즘 문제 보유는 물론 코딩을 배우는 사람들 사이에서 가장 활성화되어있는 커뮤니티 중 하나다.

수시로 대회도 열어 대회의 우승자와 준우승자를 가리는 재미있는 이벤트도 진행한다. 또한 게시판과 그룹 등을 통하여 다양한 정보를 얻을 수 있다는 점도 장점이다. 온라인 및 오프라인 강의를 통해 SW 역량 테스트와 문제 해설 및 관련 알고리즘 소개 등을 제공하기도 한다.

삼성 SW Expert Academy　　　www.swexpertacademy.com

백준 온라인 저지와 비슷하게 매일매일 새로운 알고리즘 문제들을 업데이트하고 회원들의 점수를 합산하여 랭킹을 부여한다. 프로그래밍 역량 강화에 도움이 되는 다양한 학습 콘텐츠도 제공하고 있다.

교육 과정은 무료로 학습이 가능하며, 컴퓨팅적 사고, 기초 프로그래밍, 심화 프로그래밍, 컴퓨터과학 등이 있다. 특히 삼성이 자체 개발한 음성인식 플랫폼인 빅스비 구현 및 개발 과정을 직접 배워볼 수 있다는 점이 삼성 SW Expert Academy의 큰 특징이다. 회원들은 웹 사이트를 통하여 직접 문제 제출 및 해결, 자유로운 토론, 리뷰 등도 할 수 있다.

구름에듀　　　edu.goorm.io

알고리즘 문제들을 웹 사이트를 통하여 제공하는 플랫폼이다. 문제들 중엔 LG전자, NHN, 라인 등 대기업들의 기출문제들도 포함하고 있다.

문제풀이 외에 현직 개발자들이 제공하는 모바일 앱 개발 강의, 웹 사이트 개발 강의 및 여러 프로그래밍 언어를 배울 수 있는 무료 강의들도 있으며 초등학생들을 위한 유료 스크래치 강의도 제공한다. 질의응답 게시판을 통해 IT기술 관련 정보도 얻을 수 있다.

YBM　　　www.ybmit.com

지난 2017년 YBM은 스크래치, 엔트리(블록 코딩)에 대한 실력을 증명할 수 있는 Coding Specialist(COS)라는 자격증을 만들었다.

현재 총 1급에서 4급까지 이루어진 이 자격증에 대한 유료 강의를 웹 사이트를 통해 제공하고 있는데, 수강생들에겐 COS 시험을 제공하며 수강 기간을 무료로 연장할 수도 있다. 자격증을 위한 교재도 판매하고 있다.

2018년에는 1급에서 3급까지 이루어진 Professional Coding Specialist(COS Pro)라는 자격증을 만들어 파이썬, C, C++, 자바에 대한 프로그래밍 활용 능력을 증명할 수 있도록 했다. 두 자격증 모두 샘플문제를 제공하며, 관련 교육을 실시하는 학원을 홈페이지에서 알아볼 수 있다. COS Pro의 경우에는 모의고사를 통해 무료로 시험을 체험할 수도 있다.

✚ 해외 코딩 교육 업체(온라인)

Code.org	code.org

모두가 코딩을 배워야 한다는 철학 아래 2013년 1월 하디 파토비(Hadi Partovi)와 알리 파토비(Ali Partovi)가 설립한 비영리 단체다. 무료 코딩 수업 제공은 물론 모든 학교들이 코딩을 교육 프로그램에 접목시키는 것을 목표로 하고 있다.

마크 저커버그, 빌 게이츠 등 저명한 인사들이 code.org의 영상에 나와 코딩의 중요성에 대해 강조하며 유명세를 타기 시작하였다. 전 세계적으로 4,900만 명의 학생들이 236억 92,72만 3,483(2020년 4월 기준)줄의 코드를 작성했을 정도로 널리 쓰이고 있는 무료 온라인 코딩 교육 플랫폼이다. 최근엔 한국어로도 교육 프로그램을 번역하여 제공하고 있으나 아직 모든 과정이 번역된 것은 아니다.

Codecademy www.codecademy.com

코드아카데미는 code.org처럼 사람들에게 온라인 코딩 교육을 제공해주고 있는 웹 사이트다. 웹 개발, 게임 개발, 디자인 등과 같은 주제별로, 혹은 프로그래밍 언어별로 기초 강좌를 무료로 수강할 수 있다. 좀 더 효율적 학습을 위한 연습 패키지, 퀴즈 등이 포함된 심화 강좌는 유료 멤버십 가입을 통해 수강이 가능하다.

코드아카데미를 통하여 4,500만여 명의 사람들이 코딩을 배웠다. 하지만 code.org처럼 재미있고 쉬운 게임 개발 등으로 코딩과 친숙해지는 수업들보다는 조금 더 어려운 과정들을 보유하고 있다. 만약 학생들이 코딩을 처음 접해본다면 어려움을 느낄 수도 있다.

CS First csfirst.withgoogle.com

CS First는 구글이 추진하고 있는 무료 교육 프로그램 중 하나로 1시간 정도 소요되는 짧은 교육 과정은 물론 10시간 이상 소요되는 과정들까지 다양한 커리큘럼을 제공한다.

콘텐츠는 지속적으로 업데이트가 되고 있으며 만 9세부터 14세까지가 알맞은 대상이라 명시하고 있다. 현재 보유한 커리큘럼으론 스크래치를 이용한 로고 디자인, 스크래치로 이름 꾸미기, 애니메이션을 이용한 미술작품 제작, 게임 제작 등이 있다.

Tynker www.tynker.com

약 6,000만 명의 회원을 보유한 Tynker는 온라인을 통하여 앱 개발, 게임 개발, 코딩 언어 학습 등을 제공한다. 2019년 1월 1일 기준 Tynker를 통하여 약 1 ,400만여 개의 앱들이 개발되었고 약 40억 개의 코드들이 작성되었다.

개별적으로 수강할 수 있는 온라인 강의와 더불어 학교 수업 및 방과 후 수업 등을 위해 제작된 강의를 제공한다. 연령대별로 코딩 입문, 블록 코딩, 프로그래밍 언어의 교육 과정으로 나뉘어져있으며, 각각의 수업들은 아이들의 이목을 끌 수 있는 재미있는 그래픽과 주제로 만들어져 프로그래밍에 더 친숙히 다가갈 수 있도록 돕는다.

Khan Academy	www.khanacademy.org

수학, 과학, 경제 등등 다양한 분야에서 무료 온라인 강의를 제공하는 Khan Academy를 통하여 알고리즘과 암호학과 같은 컴퓨터 과학뿐 아니라, 간단한 코딩을 배우는 것도 가능하다.

JavaScript, ProcessingJS와 같은 언어를 사용해서 눈사람을 그려보는 활동 등을 통해 코딩의 기본 개념을 배울 수 있다. 한글로 강의 수강이 가능하다는 점이 장점이라 할 수 있다.

➕ 기타 무료 코딩 과정

초등컴퓨팅교사협회	hicomputing.org

SW 교육자료실을 통하여 무료 SW 교육 동영상들과 자료들을 제공하고 있다.

소프트웨어 중심사회	www.software.kr

코딩 교육에 대한 전반적인 소식을 접할 수 있음은 물론 SW 교육

관련 영상들을 업로드하여 정리해두었다.

EBS소프트웨어 　　　　　www.ebssw.kr

기초부터 심화까지 난이도를 구분하여 기초 프로그래밍, 엔트리 게임 제작, 자바스크립트 등 다양한 과정을 제공한다.

창의컴퓨팅 　　　　　computing.or.kr

온라인 SW 교육을 통해 스크래치, 앱인벤터, 파이썬 입문 등 다양한 과정들을 제공하고 있다.

엔트리 　　　　　playentry.org

교육용 프로그래밍 언어인 엔트리는 직접 웹 사이트에 관련 교육 자료 및 오픈 강의들을 제공하여 자기주도학습이 가능하도록 돕고 있다.

스크래치 　　　　　scratch.mit.edu

또 다른 교육용 프로그래밍 언어인 스크래치도 자체 웹 사이트에서 교육 과정을 설립하여 학생들의 공부를 돕고 있다.

06 국내외 명문대 IT 학과, 어떻게 입학할 수 있을까?

국내외 대학교 입학 전형의 핵심을 파악하라

2015 개정 교육과정에 의하면 2018년 입학한 중고등학교 1학년부터 매년 34시간 코딩 교육을 수료한다. 컴퓨터 소프트웨어에 대한 기초적 지식이 미래 사회에는 누구에게나 필요하다는 교육부의 방침에 따른 것으로 생각할 수 있다. 이와 같은 흐름은 대학 교육에도 반영되었고, SW중심대학사업, 프라임 사업 등의 이름으로 SW 관련 학과에 물적·인적 지원을 지속하고 있다.

이와 같은 흐름에 따라, 2018학년도 대학 입시부터 본격 도입된 SW특기자전형의 반응이 뜨겁다. SW특기자전형이란 4차 산업혁명 시대를 맞이하여 컴퓨팅 사고력이 우수한 SW인재를 뽑는 수시전형이다. 2018학년도 입시에서는 KAIST, 고려대, 성균관대, 서강대, 한양대 등 14개 학교가 참여했고, 2019학년도 입시부터는 경희대, 단국대, 한동대 등 더 많은 대학교에서 SW 특기자전형을 신설했다. 이미 개설한 학교들도 SW특기자 선발 인원을 더욱 확충하는 추세이니 관련 학과에 진학을 희망하는 학생 및 학부모들은 반드시 주목할 필요가 있다.

2020학년도 수시에는 SW중심대학사업에 선정된 23개의 대학이 SW 관련 전형으로 496명을 모집했다. 23개 대학 중 15개 학교는 학생부종합전형을, 8개 학교는 특기자전형을 운영했다. 모집인원 기준으로는 학생부종합전형이 364명, 특기자전형이 132명으로 학생부종합전형이 훨씬 더 많다. 이외에도 28개 SW중심대학에서 별도의 SW 관련 전형이 아닌 일반 학생부종합전형에서 SW 관련 학과, 학부로 총 1177명을 모집했다.

▶▷ 국내 SW 특기자 전형, 핵심은 무엇일까?

그렇다면 SW특기자전형을 준비하고 있는 학생들은 어떻게 접근해야 할 것인가? SW특기자전형은 크게 3가지 방식으로 선발한다. 첫 번째는 서류 100%로 선발하는 방식으로 성균관대학교 학생부종합전형(학과모집)이 이에 해당한다. 두 번째는 서류전형 + 면접전형이다. 가장 많은 학교가 두 번째 방식으로 학생을 선발한다. 마지막은 서류전형 + 실기고사(SW 설계, 프로그래밍 시험 등)인데 동국대 수시 실기(SW)전형이 이 방식을 채택한다.

서류전형의 키워드는 '활동증빙자료'다. 미대 혹은 음대 지원자들의 포트폴리오와 비슷한 개념이다. SW와 관련하여 본인이 어떤 활동을 했는지를 일목요연하게 정리한 활동증빙자료가 중요하다. 올림피아드나 경시대회 성적의 중요도는 빠르게 줄어드는 추세다. 수상 실적보다도 자신만의 스토리를 바탕으로 교내·외 활동을 통해 증진시킨 SW 역량을 보여줄 수 있는 포트폴리오가 핵심적인 역할을 할 것으로 전망된다.

KAIST의 사례를 살펴보자. 해당 대학의 특기자전형은 4차 산업혁명을 이끌어갈 우수 인재로서 소프트웨어, 로봇, 발명, 창업 등의 분야에 우수한 특기를 갖췄는지를 평가한다. 특기와 관련된 우수성, 잠재력을 확인하기 위해 기본적 서류, 면접과 동시에 KAIST의 다른 전형에서는 요구하지 않는 특기입증자료(포트폴리오)를 평가한다.

실기(특기자전형) 선발에서 면접이 50%를 차지하는 고려대 컴퓨터학과의 경우 학생부 기재 내용을 확인하는 '학생부 면접'과 제시문을 속독한 다음 답변하는 방식으로 진행되는 '제시문 기반 면접'이 있다.

이외에도 한양대, 국민대, 서울여대, 세종대 등이 면접전형을 진행하는데 "소프트웨어 동아리 했어요"와 같은 1차원적인 답변은 금물이다. 동아리 활동을 통해 어떤 프로젝트를 진행했고, 어떤 결과물(포트폴리오)을 만들었는지 구체적으로 설명할 수 있어야 한다. 더불어 제출 서류를 기반으로 지원 동기, 전공에 대한 관심 등을 확인하니 이에 대한 답변도 준비해야 한다.

실기고사의 경우 동국대의 실기(SW)전형을 참고할 수 있겠다. 동국대는 학과를 기준으로 2가지 실기 문제를 출제한다. 컴퓨터공학·정보통신공학 전공은 수학적 사고력, 프로그래밍 능력 등 기초 설계 능력을 평가하는 SW 설계 시험을 진행한다. 멀티미디어공학과는 해당 분야에 활용 가능한 알고리즘 개발 능력을 중점적으로 하여 프로그래밍 시험을 진행한다. 두 가지 모두 기본적으로 '논리력, 수학적 사고력, 창의적 문제 해결능력' 등을 종합적으로 평가하기 위해 진행된다는 점이 중요하다.

유민수 한양대 SW중심사업단장은 "단순히 학원에서 배운 코딩 기술로 SW특기자전형에 합격하지는 못할 것"이라고 말했다. 단순 암기로 코딩 지식을 습득하는 것이 무의미해졌다는 뜻이다. 면접전형과 실기고사에서 평가하는 요소들은 단기간에 향상되기 어려운 영역이기 때문에 SW전형을 노리는 학생들이라면 초등학교 고학년 혹은 중학교 때부터 지속적인 훈련을 받는 것이 필요하다. 논리력, 컴퓨팅 사고력, 창의성 등 대학에서 평가하고자 하는 핵심 역량을 꾸준히 개발해야 한다.

한편 SW특기자전형이라고 해서 자연계 학생들만 해당된다고 생각할 수 있지만, 이는 사실과 다르다. 신문방송학과로 유명한 서강대학교 지식융합미디어학부에서도 SW우수자 전형으로 학생을 선발한다. 다른 대학들도 점차 SW특기자전형을 확대하는 추세이기 때문에 인문계 학생들도 지속적으로 주목할 필요가 있다.

일각에서는 SW특기자전형이 특목고, 과학고의 전유물이라고 지적하지만 이는 사실이 아니다. 최근 동향을 봤을 때 일반고 학생들도 충분히 경쟁력이 있다. 단, 차별화된 지원 동기와 이를 뒷받침할 만한 탄탄한 활동 증빙자료(포트폴리오)가 필요하다.

또한 논리력, 컴퓨팅 사고력, 창의성 등의 역량과 SW 경험, 지식은 단순히 SW 관련 전형·학과를 준비하는 학생들에게만 국한되는 것이 아니다. 학생부종합전형은 수능, 교과전형과는 다르게 학생들을 질적으로 평가한다. 물론 대학마다 별도의 인재상, 평가 기준(전공적합성, 학업역량, 인성, 발전가능성 등)을 가지고 있지만, 결론적으로 모든 대학에서 보고자 하는 것은 다음과 같다. "우리 학교·학부·학과에서 배우고 성장하여, 향후 미래 사회에 기여할 수 있는 인재인가?"

결국 이 질문에 대해 학생이 "그렇습니다!"라고 답변하기 위해서는 SW 역량, 경험이 필수적이다. 미래 사회에 SW가 기초적 역량이 될 것이라는 것은 논외로 하더라도, 학생들이 지원하게 될 거의 모든 학과·학부 단위에서 이른바 "융복합 연구"라는 명분하에 SW를 중심적인 연구 대상, 수단으로 삼는 경우가 많기 때문이다.

한국교육학술정보원에 의하면, 언론, 경영, 사회복지와 같은 사회과학부터 어문, 철학, 역사와 같은 인문학까지 거의 모든 분야의 교수진들이 연구를 수행하고 있다. 학생을 선발하는 학교에서조차 분야와 상관없이 SW에 몰두하고 있는데, "문과라서" 혹은 "SW전형을 준비하지 않을 거라서" SW를 외면하는 것은 입시 전략적으로도 상당히 위험하다.

특히 학생부종합전형은 생활기록부, 자기소개서, 면접을 통해서 고등학교 3년 학교 생활만을 평가하는 전형이다. 사교육 유발 요인을 억제하기 위해 외부 수상, 교육, 활동 등은 평가 대상에서 제외되었고 동시에 생활기록부 항목도 축소되고 있다. 이와 같은 상황에서는 우리 학생들은 자신의 역량을 보여줄 수 있는 교내 활동 기회를 학생 스스로 찾아야 한다. 실제로 근래에는 학교 차원에서도 SW경진대회, 관련 동아리, 프로젝트 등의 여러 가지 교내 활동을 적극적으로 진행하고 있다.

하지만 SW 경험, 지식, 역량이 없는 학생이 학교 내의 여러 기회를 인지하고 잡을 수 있을까? 높은 성적을 받고, 출석을 열심히 하고, 전공 관련 활동을 하는 것은 입시를 준비하는 학생들에게는 너무나도 기본적이다. 하지만 그 속에서 남들과 차별화되는 자신만의 강점을 만드는 방법이 SW가 될 수도 있다. 그 기회를 잡기 위해서는 고등학교에 입학하기 전부터 SW에 관한 다양한 경험과 학습을 해야 할 것이다.

대학들의 SW인재를 뽑기 위한 전쟁은 이미 시작되었다. 계열에 상관없이 디지털 시대를 맞이해 SW능력은 반드시 필요할 것이다. 이를 준비하기 위한 학생들의 SW교육 역시 더 이상 미룰 수 없다. 손자는 "적을 알고 나를 알면 백전백승"이라고 말했다. SW교육 또한 마찬가지다. 정확히 알고, 제대로 준비하자.

▶▷ 해외 명문대 컴퓨터공학과에 입학하는 비결

미국에서 가장 인기 있고 입학 경쟁이 치열한 전공이 무엇이냐고

물어본다면, 필자는 자신 있게 컴퓨터공학이라고 답할 것이다. 이미 컴퓨터공학 관련 직종이 유망하다는 것은 검증되었으며 실제로 많은 학생이 컴퓨터공학과에 진학하고자 한다. MIT의 신입생 입학 자료에 따르면, 2만 1,000명의 지원자 중 6.6%인 1,400여 명 정도만이 입학 허가를 받는다.

그렇다면 카네기멜론 대학교(Carnegie Mellon University), 스탠퍼드 대학교(Stanford University), 캘리포니아 공과대학교(Caltech) 등 컴퓨터 공학 최상위 대학교에 입학할 수 있는 비결이 무엇일까?

기본적으로 탄탄한 SAT(미국 수능) 점수와 GPA(학교 내신)가 뒷받침되어야 한다. 하지만 명문대 컴퓨터공학과 지원자들 대부분은 이미 특정 수준 이상의 SAT와 GPA 점수를 가지고 있으므로 단순히 높은 SAT 점수와 GPA가 합격을 보장하지는 않는다. 따라서 다른 지원자들과 차별화되는, 본인을 어필할 수 있는 무언가가 필요하다. 필자가 정리한 차별화 포인트는 다음과 같다.

첫째, 다양한 활동들을 경험해보는 것이 중요하다. 미국에는 초·중·고 유학생들이 참가할 수 있는 경진대회가 많다. 스타트업 경진대회, 로봇 경진대회 등 다양한 선택지가 있으며, 주마다 각기 다른 경진대회를 주최하기 때문에 학생들이 선택할 수 있는 폭이 상당히 넓다. 경진대회에 참가해서 입상까지 한다면 금상첨화이지만, 꾸준히 도전하는 것만으로도 원서 준비에 도움이 된다.

또한 본인이 진학을 원하는 대학교에서 컴퓨터공학 교수 지도하에 수업을 들어보거나 리서치 활동을 해보는 것도 차별점이 될 수 있다. 미국 대학교들은 매년 여름방학 기간에 고등학생들이 대학교 수업들을 미리 들어볼 수 있도록 수업을 개설한다. 방학 기간에 수업을 듣고 담당 수업 교수에게 추천서를 받거나 리서치를 함께 진행할 수 있다면, 이는 대학 입학에 상당한 메리트로 작용할 것이다.

쉽지 않겠지만 가능하다면 컴퓨터공학 관련 회사에서 인턴십 경험도 해보자. 일부 미국 회사들은 어린 학생들에게도 인턴십 기회를 제공하는 프로그램을 운영한다. 작은 회사들뿐 아니라 마이크로소프트와 같은 대기업에서도 'High School Internship Programs(고등학교 인턴십 프로그램)'을 진행하고 있다.

둘째, 수학적·논리적 사고력이 뒷받침되어야 한다. 수학적·논리적 사고력은 컴퓨터공학과에서 매우 중요하게 생각하는 요소다. 이 같은 역량은 한순간에 갑자기 생길 수 없다. 따라서 어릴 때부터 이 부분을 키워줄 수 있는 환경을 만들어 주는 것이 필요하다. 교내 외에서 수학 및 과학 관련 수업들을 들어보고, 수학 동아리(Math Club)와 같은 활동을 꾸준히 하는 것이 좋다.

퍼트남(Putnam) 같은 수학 혹은 과학 경진대회 참가 또는 입상 경력 또한 대학에서 지원자에게 높은 점수를 주는 항목이다. 실제로 아이비리그 및 최상위 컴퓨터공학과 진학 학생들은 이 같은 스펙을 가지고 있는 경우가 상당히 많다.

하지만 결국 중요한 점은 두 가지 차별화 요소들을 잘 정리해서 포트폴리오로 보여주어야 한다는 것이다. 아무리 관련 경험이 많고 실력이 있다고 한들, 입학 담당관이 내용을 확인하지 못한다면 의미가 없다. 준비된 포트폴리오 내에서도 내가 왜 컴퓨터공학을 배우고 싶은지, 왜 이 대학교에 진학하고 싶은지 등을 스토리텔링식으로 전달하면 좋은 결과가 있을 것이라 확신한다.

상식적으로 생각해보자. 당신이 입학 담당자이고 두 명의 지원자가 있다. A는 초등학교, 중학교부터 다양한 활동 경험들을 포트폴리오로 잘 준비한 학생이고, B는 11학년부터 활동 증빙자료들이 준비된 학생이다. 당신이라면 누구에게 좀 더 높은 점수를 줄 것인가?

답은 명확하다. 독자가 만약 해외 대학교 진학을 준비 중인 아이의 학부모라면, 지금부터라도 아이의 포트폴리오가 쌓일 수 있도록 도와주는 것이 필요하다.

앞에서도 여러 번 언급했듯 시대의 흐름이 생각보다 더 빨리 변하고 있다. 컴퓨터공학은 디지털 시대의 핵심 키워드다. 아이들의 미래를 위한 부모의 과감한 결단력과 선제 대응이 그 어느 때보다 중요하다. 늦었다고 생각할 때는 정말 늦었다.

빅데이터 시대, 디지털 핵심 인재로
성장하기 위한 준비

"데이터는 21세기의 원유다."

중국 최고의 거부 중 한 명이자 알리바바의 창업주인 마윈의 말이다. 그는 누가 더 많은 데이터를 빠르게 처리해 가치를 창출해내느냐가 기업의 존폐를 좌우하는 핵심 경쟁력이 될 것이라고 이야기하며, 여러 차례 미래 핵심 산업 분야로 '빅데이터'를 꼽았다.

간단한 사례 몇 가지를 살펴보자. 수년 전 미국의 한 마트에서 맥주와 기저귀의 매출이 동반 상승하는 데이터가 관찰되었다. 이를 근거로 두 상품을 가까이 진열해놓으니 매출 상승률이 더 뚜렷하게 보이는 결과가 나타났다.

이유인즉, 남편들이 퇴근길에 아내의 심부름으로 마트에 들려 기저귀를 사면서, 보상 심리로 맥주도 같이 샀기 때문이라고 한다. 전통적인 마케팅의 관점으로는 찾아내기 어려울 수 있었던 소비자행

동(consumer behavior)이지만 빅데이터를 통해 두 제품 간의 상관관계를 명확하게 관찰할 수 있었던 사례다.

국내의 경우 신세계 백화점이 인천광역시에 명품관을 오픈했을 때 빅데이터 기반 맞춤형 마케팅을 진행한 바 있다. 신세계 그룹은 먼저 기존 인천점의 30~40대 전문직 여성 중 고급 화장품 구매한 경험이 있는 고객군을 1차로 추출했고, 이들 중 서울 지역 백화점에서 명품을 구매한 경험이 있는 고객들을 2차로 선별했다. 그 후 추가적인 세부 조건을 충족하는 고객들을 별도로 구분한 다음 4만 명의 고객 리스트를 확보하여 이들을 대상으로 타깃 마케팅을 진행했다. 놀랍게도 이들 중 2만 명 이상이 실제로 명품을 구매한 것으로 밝혀졌고, 인천점 전체 매출 역시 30% 이상 증가했다.

이외에도 빅데이터가 기업 경영에 활용된 사례는 매우 많다. 데이터의 중요성은 하루가 다르게 높아지고 있고, 수요의 증가는 국내외 빅데이터 시장의 급성장으로 이어지고 있다. 그럼에도 불구하고 여전히 마켓에는 전문 인력이 턱없이 부족하다.

과거 한국데이터진흥원 조사에 따르면 전문 인력 공급이 시장 수요에 비해 무려 40.9%나 부족하다고 밝혀졌으며, 맥킨지 보고서는 향후 추가적으로 150만 명의 데이터 관리자와 분석 인력이 필요할 것이라고 전망했다. 수요가 공급을 넘어서니 몸값이 금값이다. 미국의 채용전문 사이트 인디드(Indeed)에 따르면 미국에서 가장 연봉이 높은 직업 톱 3에 빅데이터 전문가가 포함되었다.

그렇다면 교육의 관점에서 대한민국의 초중고 대학생들이 빅데이터 시대의 새로운 기회를 포착하기 위해서는 어떤 준비를 해야 하는 것일까? 여러 요소들이 있겠지만 그중 가장 중요한 지식은 바로 통계학과 프로그래밍 스킬이다.

특히 필자는 통계학의 중요성을 강조하지 않을 수 없다. 데이터가 많다는 것 자체는 아무런 쓸모가 없다. 필요한 '목적'에 따라 데이터를 활용하여 인사이트를 도출할 수 있을 때 비로소 데이터에 '의미'가 부여된다.

통계학은 이런 데이터에 '의미'를 부여한다. 데이터사이언스는 통계학을 통해 수많은 데이터들 속에서 특정한 패턴을 찾아낸다. 각각의 패턴은 특정한 분포와 확률을 가지고 있다. 이러한 패턴의 분류는 우리가 풀고 싶은 문제에 대한 단서를 제공한다.

또한 가설(hypothesis)을 세우고 검증하는 통계학의 가장 핵심적인 개념은 여타 학문과 마찬가지로 데이터사이언스에도 매우 유용하게 사용된다. 참고로 최근 주목을 받고 있는 알파고 역시 방대한 양의 바둑 데이터를 기반으로 만들어진 AI인데, 알파고의 핵심 기술인 딥러닝 역시 인공신경망이라는 오래된 통계 기법을 기반으로 한다.

프로그래밍 언어에 대한 지식 역시 필수적이다. 정형화된 데이터의 경우는 SQL(Structured Query Language)이라는 데이터 관리 언어를, 좀 더 유연하지만 복잡하고 구조적이지 않은 비정형 데이터의 관리는 NoSQL을 기반으로 한다. 빅데이터라고 총칭되는 대부분의 데이터는 이러한 '비정형 데이터'인 경우가 많아서 로우 데이터(raw data)를 정제하거나 조합하는 작업들이 필요하다. 이런 작업 등을 하기 위해서는 파이썬, R 등의 프로그래밍 언어의 활용이 필수적이다.

빅데이터 기술은 결국 방대한 양의 데이터를 획득하여, 이를 관리 및 분석하고, 도출한 인사이트를 필요한 영역에 적용하는 것이다. 이 중 데이터를 획득·저장·관리하는 단계는 상당 부분이 전산학의 영역이라는 점을 참고할 필요가 있다.

이외에도 데이터를 시각화하는 능력, 특정 산업군에 대한 전문성, 수학적 사고 능력을 보유하고 있다면 더욱 매력적인 인재가 될 수 있을 것이다. 하지만 모든 분야의 전문가가 되기는 어려운 만큼, 일단 데이터사이언스 안에서 본인이 가장 재미있고 자신 있게 할 수 있는 부분부터 역량을 쌓아나가는 것이 바람직하다.

앞에서 언급한 알리바바의 창업주 마윈은 다가오는 미래는 ICT를 넘어 DT(Data Technology)의 시대가 될 것이라고 얘기했다. 데이터의 파도를 타고 디지털 시대를 항해할 대한민국의 인재들에게 이 글이 도움이 되기를 바란다.

우리 아이들이 살아갈
세상의 키워드

독자들에게 많은 메시지를 전달했다. 간단하게 정리해보자. 우리 아이들이 살아갈 세상의 키워드는 꽤 명확하다.

첫째, 디지털 기술(digital technology) 중심의 사회가 될 것이다. 2020년 미국 증시 시가총액 톱5에 이름을 올린 기업들은 애플, 알파벳, 마이크로소프트, 아마존, 페이스북 등 모두 글로벌 소프트웨어 회사들이다. 대한민국도 마찬가지다. 삼성전자, SK하이닉스, 네이버 등 테크기업들이 1~5위를 차지했다. 코로나19의 여파로 주춤하고 있는 곳도 있지만, 이들의 핵심 가치는 변하지 않았으며 시장 내 입지는 여전히 확고하다.

둘째, 더 많은 인력들이 창업(스타트업)의 세계로 몰릴 것이다. 미국 뉴욕대학교 아룬 순다라라잔(Arun Sundararajan) 교수는 기술의 발전으로 인해 '개인'이 생산과 소비의 주체가 되고, 창업자의 숫자가 기하급수적으로 증가할 것이라 예상했다. 이웃 나라 중국도 살펴보자. GEM(Global Entrepreneurship Monitor, 국제 비즈니스 조사기관)에 따르면 중국은 54개 회원국 중 창업자 지수가 가장 높은 나라인 것으로 밝혀졌다.

한국에서는 창업 신화의 대표주자 김범수 카카오 의장, 김택진 엔씨소프트 대표, 이해진 네이버 GIO, 김봉진 우아한형제들 대표가 한국 경제가 선정한 차세대 CEO 톱 10에 포함되었다. 국내 VC 업계에서는 단군 이래 최대 규모의 금액을 스타트업들에 투입하고 있다. 정부의 전폭적 지원하에 2019년 국내 벤처 투자는 4조 원을 돌파했다.

디지털 시대 상위 1%의 교육법은 간단하다. 바로 흐름을 읽는 것. 그리고 이 흐름을 잘 쫓아가는 것이다. 페이스북의 COO인 셰릴 샌드버그는 하버드 경영대학원 졸업식 축사에서 다음과 같이 얘기했다. "로켓에 자리가 나면 그 자리가 어디 위치했는지 묻지 마세요. 일단 올라타면 되는 겁니다(If you are offered a seat on a rocket ship, don't ask what seat. Just get on)." 여러 해석이 가능하지만, 골자는 결국 큰 흐름을 따라가면 기회가 있다는 뜻이다.

'디지털 기술'과 '창업'이라는 로켓의 앞자리에 올라탈 수 있는 방법으로 필자는 크게 6가지를 꼽았다.

첫째, 창의력이 핵심이다.

둘째, 취업만이 아닌 창업하는 아이도 만들자.

셋째, 새로운 학교를 찾아라.

넷째, 디지털 시대에도 영어·수학은 여전히 중요하다.

다섯째, 인문학과 금융학의 중요성은 시대를 가리지 않는다.

여섯째, 코딩 공부는 선택이 아닌 필수다.

경쟁이 없는 사회는 존재하지 않는다. 인간은 본능적으로 '남들보다 더 나은 삶'을 살고 싶어 한다. 디지털 시대에도 마찬가지다. 기술이 진화하고 사회 트렌드가 바뀌어도 본질은 유지된다.

경쟁이 필연적이라면 이기는 게임을 하는 게 더 현명하지 않을까? 우리 아이에게 더 많은 옵션을 주고 자유롭게 선택할 수 있는 기회를 제공하는 것이 부모의 몫이 아닐까?

가만히 있으면 '가마니'가 된다. 엄마들에게도 적용되는 말이다. 디지털 시대 상위 1%를 만드는 교육은 아이 스스로 시작하기는 어렵다. 조금만 더 노력해보자. 작은 시도가 우리 아이들의 삶에 큰 변화를 만들 수 있다.

이 책이 모든 문제를 해결하는 만능 열쇠는 될 수 없을 것이다. 다만 독자들이 새로운 방향으로 나아가는 데 디딤돌 역할이라도 할 수 있기를 희망한다. 대한민국에서 제 2의 스티브 잡스·제 2의 일론 머스크가 탄생하는 데 조금이라도 기여할 수 있다면, 필자는 무척 행복할 것이다.

"신은 모든 곳에 있을 수 없기에 어머니를 만들었다."

세상의 모든 엄마를 응원한다.

초3부터
진로
코칭